大学生创新创业教育教学丛书

大学生创新创业实训教程

主　编　周晓蓉　蒋　侃

华中科技大学出版社
中国·武汉

内 容 简 介

本书以提升学生创新精神、创业意识和创业能力为核心，以转变学生教育思想及观念为目的，结合创新创业实践活动的经验，阐述了创新创业实训基本知识、创新思维与创新方法、创新项目的选择与设计、创新成果的保护、把握创业机会、创业能力训练、创业项目关键任务分步指导、创新创业仿真实训八个章节的内容。本书旨在促进学生提升创新意识和创新能力，为大学生更好地开展创新创业实践活动、成功创业提供帮助。

本书的特点是在结合学生创新创业实践活动的基础上，引入了创新创业虚拟仿真训练，帮助学生树立榜样和标杆的同时，使其切身体会创业过程，并激励学生不断提高自己的创新意识和创新能力。

图书在版编目(CIP)数据

大学生创新创业实训教程/周晓蓉，蒋侃主编.—武汉：华中科技大学出版社，2018.4(2020.1重印)
(大学生创新创业教育教学丛书)
ISBN 978-7-5680-4030-3

Ⅰ.①大… Ⅱ.①周… ②蒋… Ⅲ.①大学生-创业-高等高校-教材 Ⅳ.①G647.38

中国版本图书馆 CIP 数据核字(2018)第 069653 号

大学生创新创业实训教程 周晓蓉 蒋 侃 主编
Daxuesheng Chuangxin Chuangye Shixun Jiaocheng

策划编辑：万亚军
责任编辑：邓 薇
封面设计：原色设计
责任监印：周治超
出版发行：华中科技大学出版社(中国·武汉) 电话：(027)81321913
武汉市东湖新技术开发区华工科技园 邮编：430223
录 排：武汉三月禾文化传播有限公司
印 刷：武汉科源印刷设计有限公司
开 本：710mm×1000mm 1/16
印 张：12
字 数：256 千字
版 次：2020 年 1 月第 1 版第 2 次印刷
定 价：30.00 元

前　言

创新是当今社会不断发展的生命力所在，创业是谋求生存与自我价值实现的一种方式。2015 年中央经济工作会议明确提出，坚持深入实施创新驱动发展战略，推进大众创业、万众创新，依靠改革创新加快新动能成长和传统动能改造提升。同年，李克强总理在政府工作报告中再次提出“大众创业、万众创新”，在全国掀起了一股“草根创业”“人人创新”的浪潮。

广西大学——广西唯一一所“211 工程”大学，自国务院印发《关于大力推进大众创业万众创新若干政策措施的意见》以来，大力开展创新创业的教育和改革，加强制度创新、管理创新、载体创新，着重培养学生的创新创业思维和意识，提高学生的创新创业素质和能力，实现了在校大学生综合能力的提升和各项技能的全面发展。

政策方面，广西大学将创新创业教育纳入学校的“十三五”规划，并相继出台《广西大学关于以协同创新为引领进一步推进全程互动人才培养模式改革的意见》《广西大学关于深化创新创业教育改革实施方案》《广西大学促进毕业生就业工作指导意见》等文件；课程方面，完善课程创新创业体系；实践方面，搭建丰富的实践教育平台；竞技方面，资助学生参加创新创业竞赛；创业方面，精准扶助学生创业项目。

本书在借鉴和吸收国内外创新创业理论知识和实践案例的基础上，依靠学校开展创新创业课程、项目实践的丰富经验，密切结合国内大学生创业的实际情况，围绕创新创业概念、创新思维的培养、理论联系实际、创新成果的保护、创业的准备工作、创业团队建设以及创业流程等要点，以创造性思维为出发点，以学生创新能力发展为主线将创新创业内容有机结合起来，指导学生进行创新创业能力训练，最后通过创新创业仿真平台让学生模拟整个创新创业过程。

本书在编写过程中，参考和借鉴了国内外专家学者的著作及研究成果的相关理论依据，作者已尽可能详细地在参考文献中列出，在此对所引用书籍和论文的作者表示崇高的敬意和衷心的感谢！如果由于个人疏忽遗漏了引用资料的出处，在此向这些资料的作者表示万分的歉意。

创新创业实践是不断发展的领域。由于作者自身的理论水平及实践经验有限，书中难免存在疏漏或不足之处，敬请广大读者批评指正，以便对本书做进一步的修改、补充和完善。

作者

2018年3月

目　录

第一章　创新创业实训基本知识

第一节　创新创业的相关概念

一、创新创业的概念

（一）创新的概念

创新是指以基于现有的思维模式提出有别于常规或常人思路的见解为导向，利用现有的知识和物质，在特定的环境中，本着理想化需要或为满足社会需求，而改进旧的或创造新的事物、方法、元素、路径、环境，并能获得一定有益效果的行为。

创新所释放出来的生产力及其创造出来的市场价值推动了产业和社会的不断进步，有效地避免了经济的衰退和社会动荡。创新不仅是企业可持续发展的原动力，而且是推动社会进步，避免“暴力革命”对社会造成伤害的有效途径。

许多专家、学者都对创新提出了不同的看法和见解。以下为目前的几种主流观点。

（1）创新是创造出与现存事物不同的新技术、新产品、新概念。

（2）创新是生产、接受并实现新的理想、新的产品、新的服务的过程。

（3）创新是对现存事物进行某种创造性的改进。

（4）创新是对一个组织或相关环境新变化的接受。

（5）创新是发明与开发的结合，即创新＝发明＋开发。

（6）创新是人的创造性劳动及其价值的实现。

（7）创新是将新的观念和方法付诸实施，创造出与现存事物不同的新东西，从而改善现状。

（二）创业的概念

创业是指创业者对自己拥有的资源或通过努力对能够拥有的资源进行优化整合，从而创造出具有更大经济价值或社会价值的过程。创业是一种劳动方式，是一种需要创业者运营、组织、运用服务、技术、器物作业的思考、推理和判断的行为。创业有广义和狭义之分。

广义的创业是指社会生活各个领域里人们为开创新的事业所从事的社会实践活动，它强调的是主体在其能动性的社会实践中所体现的一种特定的精神、能力和行为方式。

狭义的创业属于经济学范畴，是指主体以创造价值和就业机会为目的，通过组建一定的企业组织形式，为社会提供产品服务的经济活动。

综上所述，创业是一个人们发现和捕捉机会并由此创造出新颖的产品或服务，以及实现其潜在价值的复杂过程，是从人们产生创业意识到企业成长的全过程。

二、创新创业分类

（一）创新分类

目前主要根据创新活动中创新对象的不同，把创新分为知识创新和技术创新等，如表 1-1 所示。

表 1-1 创新分类

类别	特 点
知识创新	通过科学研究，包括基础研究和应用研究，获得新的基础科学和技术科学知识的过程。知识创新是认识世界、改造世界的新理论和新方法
技术创新	生产技术的创新，包括开发新技术或对已有技术进行应用创新。应用创新知识、技术或采用新的生产方式、经营管理模式，可提高产品质量，开发并生产新的产品

知识创新和技术创新作为人类创新活动的主要方面，互相之间存在复杂的交互作用。知识创新是技术创新的基础，技术创新是知识创新的应用与发展。

（二）创业分类

按照不同的标准可将创业分为不同的类型。

（1）基于创业的初始条件，可将创业分为与风险投资融合的创业、大公司的内部创业、革命性的创业等。

（2）基于创业对市场和个人的影响程度，可将创业分为四种基本类型，即复制型创业、模仿型创业、安定型创业和冒险型创业。

（3）基于创业的效果，可将创业分为失败创业、催化剂式创业、重新分配式创业、成功创业。

（4）基于创业的主体，可将创业分为个体创业和公司创业。其中个体创业又可分为大学生创业、农民创业、失业者创业、退休者创业、辞职者创业、兼职者创业、残疾人创业等。

（5）基于创业的动机，可将创业分为生存型创业和机会型创业。

（6）基于创业的项目，可将创业分为高新技术型创业、传统技术型创业、知识服务型创业、体力服务型创业等。

通常，根据创业者对市场的不同认识，人们多会采用基于创业对市场和个人的影响程度对创业进行分类评判。

三、创业者核心能力

创业者需要具备一定的特殊能力和特质才能战胜创业过程中所遇到的困难与挑战，进而迎接机遇，获得发展。这几种能力和特质分别是创业精神、心理能量、语言表达能力、人格魅力、执行能力、领导能力。

（一）创业精神

创业精神指在创业者的主观世界中，那些具有开创性的思想、观念、个性、意志、作风和品质等。包括理想主义精神、坚定的信念、坚持精神、笃定精神、大胆精神、诚信精神和合作精神。它具有高度的综合性、三维整体性、超越历史的先进性、鲜明的时代性等特征，如图 1-1 所示。

（二）心理能量

心理能量又称心能量，是促使人意识到自己的需求和主体性，驱使人采取适当行为的冲动、勇气、意志力及各种特征的情绪、感情等的展现。心理能量是一种生命意志，在顺境中，表现为激情和欢乐；在逆境中，则表现为一种顽强的精神，一种想要有生命活力的意愿。

创业者心理能量的核心：一个人在与外部环境的互动中，增加正面情绪与减少负面情绪的能力。具体因素：勤奋程度、奉献意愿、意志力、非兴趣专注力、责难承受力。

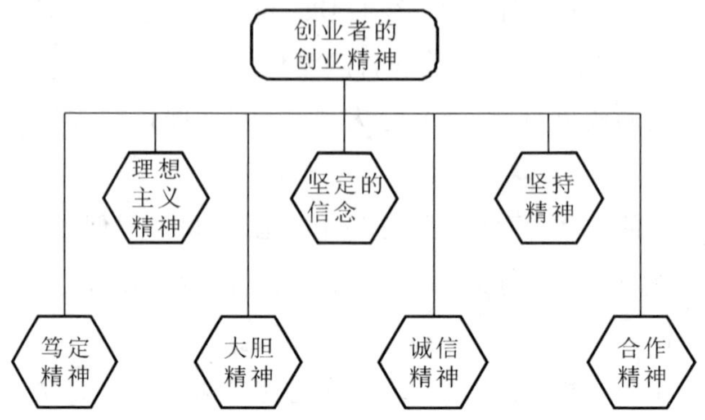

图 1-1　创业者的创业精神

心理能量各个因素的具体表现为以下内容，如图 1-2 所示。

(1) 勤奋程度：为既定目标坚持投入足量时间的能力，足量的时间，专项投入。

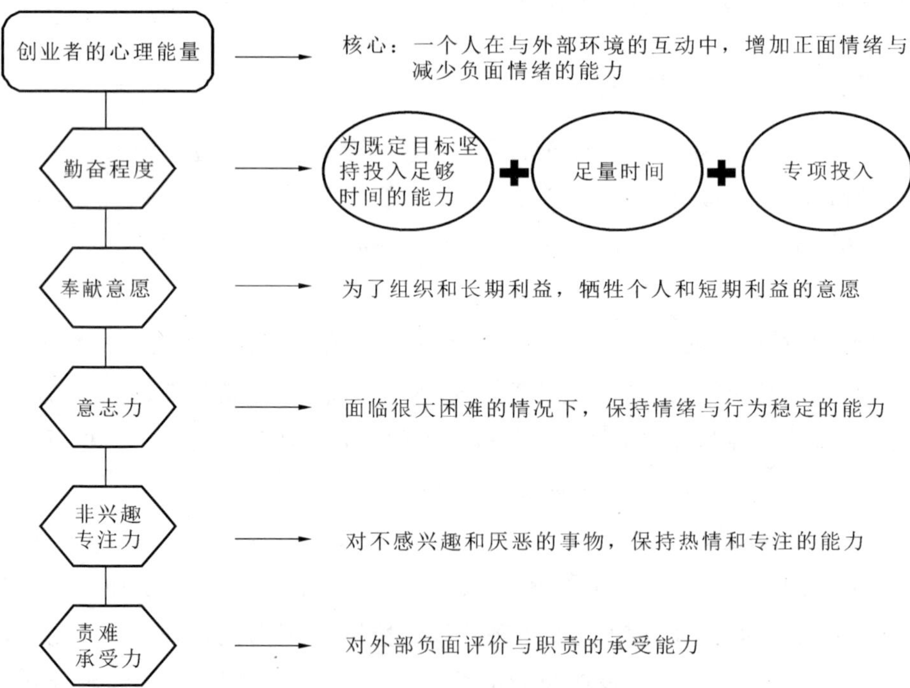

图 1-2　创业者的心理能量

(2) 奉献意愿：为了组织和长期利益，牺牲个人和短期利益的意愿。

(3) 意志力：面临很大困难的情况下，保持情绪与行为稳定的能力。

(4) 非兴趣专注力：对不感兴趣和厌恶的事物，保持热情和专注的能力。

(5) 责难承受力:对外部负面评价与职责的承受能力。

(三) 语言表达能力

创业者的语言表达能力良好具体指其用词准确,语意明白,逻辑合理,语句简洁,文理贯通,语言平易、合乎规范,能把客观概念表述得清晰、准确、连贯、得体,没有语病。语言表达能力包括口头语言表达能力、书面语言表达能力、宣传能力、说服能力、幽默能力、演讲能力和倾听能力。

如图 1-3 所示,创业者的语言能力应依循的特训原理如下:

(1) 语言流畅性程度实际上取决于三种特殊语言活动的累计时间,这三种特殊语言活动是长时间连续表达、超常速度和音量表达、压力环境表达;

(2) 这三种表达集中融合的高强度训练将语言的流畅性提升至自然状态的 10 倍以上;

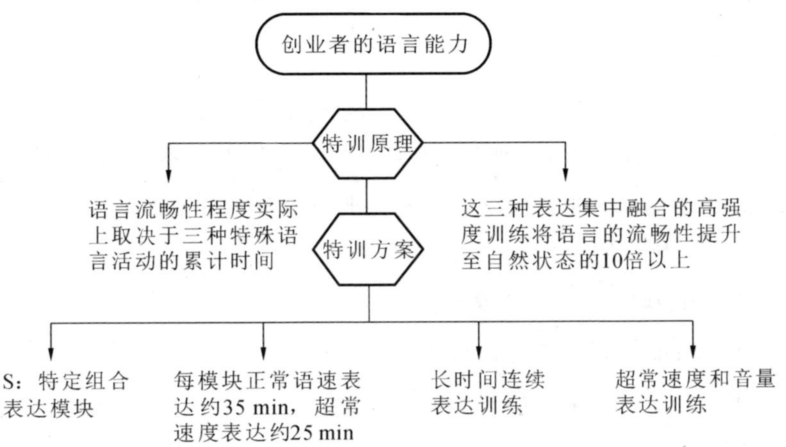

图 1-3　创业者的语言能力

根据以上原理,拟定如下的语言能力特训方案。

(1) S:特定组合表达模块。

(2) 每模块正常语速表达约 35 min,超常语速表达约 25 min。

(3) 长时间连续表达训练。

(4) 超常速度和音量表达训练。

(四) 人格魅力

人格魅力指一个人在性格、气质、能力、道德品质等方面具有的能吸引人的力量。当今社会,一个人能受到别人的欢迎、接纳,就表示了他具备一定的人格魅力。

如图 1-4 所示，创业者的人格魅力对个人与企业有巨大的商业价值，人格魅力有三重，由浅入深逐步是：第一重，激发愉悦感；第二重，激发价值感；第三重，激发权威感。

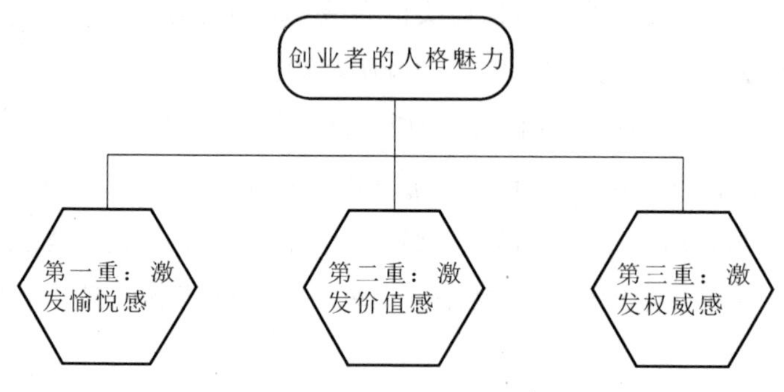

图 1-4　创业者的人格魅力

（五）执行能力

执行能力指创业者贯彻战略意图，高效完成预定目标的实际操作能力。它是企业竞争力的核心，是把企业战略、规划转化为效益、成果的关键。

如图 1-5 所示，创业者执行能力的特训应着重于以下四点。

（1）Why：执行能力带来的回报。

（2）What：执行能力包含要素。

（3）How：如何高效提升执行能力。

（4）How much：如何高效应用执行能力。

（六）领导能力

领导能力指在管辖的范围内，充分利用人力和客观条件以最小的成本完成所需的事情并提高整个团队的办事效率的能力。领导能力可以分为两个层面。一是组织的领导能力，即组织作为一个整体，对其他组织和个人的影响力。这个层面的领导力涉及组织的文化、战略及执行力等。二是个体领导能力，对于企业来讲，就是企业各级管理者和领导者的领导能力。

如图 1-6 所示，创业者领导能力的特训也应着重于以下四点。

（1）Why：领导能力带来的价值回报。

（2）What：领导能力核心要素。

（3）How：如何高效提升领导能力。

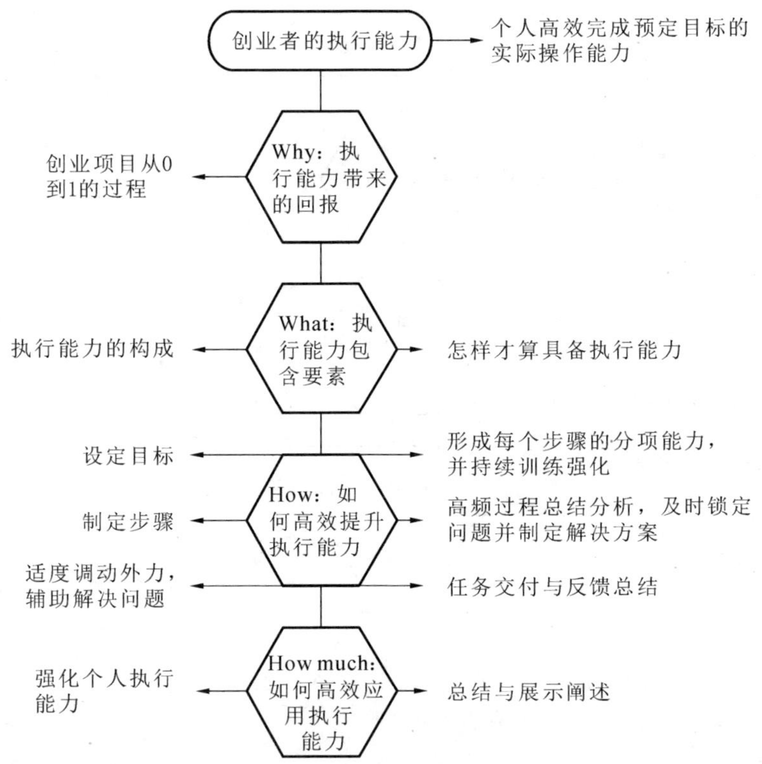

图 1-5　创业者的执行能力

(4) How much：如何高效应用领导能力。

四、创新创业对大学生的意义

(一) 创新创业与大学生职业发展的关系

1. 职业生涯规划

职业生涯规划指个人与组织相结合，在对个人职业生涯的主客观条件进行测定、分析、总结的基础上，对个人的兴趣、爱好、能力、特点进行综合分析与权衡，结合时代特点，根据个人的职业倾向，确定最佳的职业奋斗目标，并为实现这一目标做出行之有效的安排。它涉及两个方面的内容：第一，个人对人生理想、职业价值观、兴趣爱好、个性特征、能力状况等方面的认识；第二，个人对其一生中职业发展、职位变迁及工作理想实现过程的设计。

在制定个人的职业生涯规划时，要充分了解所处环境的特点，掌握职业环

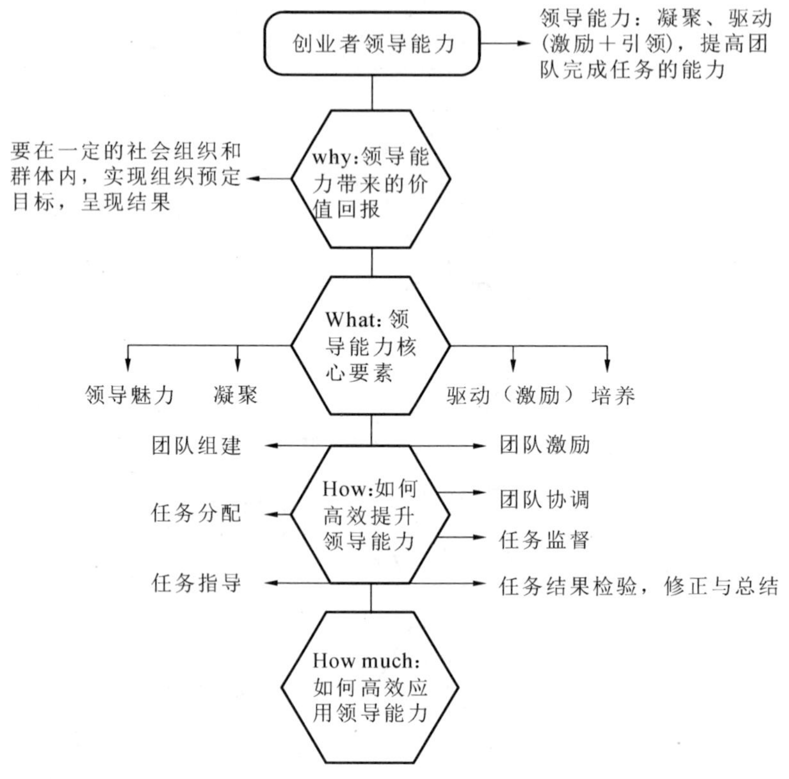

图 1-6　创业者的领导能力

境的发展变化情况，明确自己在这个环境中的地位以及环境对自己提出的要求和创造的条件，等等。只有充分了解了环境因素，才能在复杂的环境中趋利避害，并使个人的职业生涯规划具有实际意义。

2. 创业能力对个人职业发展的意义

对个人而言，职业选择是否适当将影响其未来事业的成败以及一生的幸福；对社会而言，个人择业是否适当，决定着社会整体人力供需的平衡。如果每个人都能够选择一个适合的职业，那么不仅个人有发展前途，而且社会也会稳定发展。因此，职业选择与个人和社会都有极大的关系。

如今，创业已经成为大学生职业选择的一种重要方式。但是，创业同时是一种实践性较强的过程，要求创业者不仅要有创业精神、创新意识，还要具备足够的创业能力。创业能力强，则创业成功率高，反之亦然。

当大学生选择了创业这个“职业”之后，就成为一名创业者，就需要自我管理、自我决策、自我规划，提高自我创业能力。原则上，创业者应该把握三个主要内容：自己能够做什么，社会需要什么，自己拥有什么资源。

（1）自己能够做什么。作为一名创业者，只知道自己想干什么，这是不够的，而更重要的是，应该知道自己能够做什么、做得到什么。当然，这也是相对的，因为一个人的潜能发挥是一个逐渐的过程。但是，一个人对自己的兴趣、潜能有一个基本的认识，仍然是一项具有前瞻性的能力。

（2）社会需要什么。一个人在明确自己想要做什么、能够做什么的基础上，还应该考虑社会的需求是什么。如果一个人所选择的创业领域既符合自己的兴趣又与自己的能力相一致，但却不符合社会的需求，那么这种创业的前景无疑是惨淡的。

（3）自己拥有什么资源。要创业，就必然要依赖各种各样的资源。创业者应该清晰地审视自己所拥有或能够使用的一切资源，是否足以支持创业的启动和创业成功之后可持续的发展。这里所说的资源，不仅指资金，还包括社会关系，即通过人际关系所带来的各种具有支持性的东西。

创业能力是可以在实践中培养和提升的，而提升创业能力的途径就是学习和实践。

（二）创新创业对大学生的积极影响

1. 有益于缓解大学生的就业压力

随着高等教育的普及，原来的“精英教育”已经转变为“大众教育”。大学毕业生连年增加，毕业生数量将远远超过社会所需要的空缺岗位数量。根据人力资源和社会保障部相关数据，2016 年全国高校毕业生人数是 765 万人（比 2015 年增加了 16 万人），而中职毕业生和初高中毕业以后不再继续升学的学生数量大约也是 765 万人，故 2016 年青年的就业群体数量约 1500 万人。据教育部统计，2017 年全国高校毕业生人数达 795 万人。可见，我国青年就业形式相当严峻。

据前程无忧发布的《2017 应届毕业生求职状况调查报告》，2017 年创业应届生占 1.4%。可以发现，在大学生就业形势愈发严峻的情况下，越来越多高校学子选择了创业这条路。其中，餐饮、零售、个体服务等行业已经成为应届本科毕业生创业最集中的行业，它们的创业人数之和甚至超过了纯互联网创业所占的比例。一方面，成本低是重要原因；另一方面，互联网背景下很多传统行业也都借助了互联网。

此外，各级政府出台了一系列相关政策鼓励大学生创新创业，力图通过高校、政府、社会三方建立有效机制，引导大学生创新，支持大学生创业实践。与此同时，各高校关于创新创业教育的具体举措和休学创业的规定也在逐步落实。2015 年，清华大学通过了《清华大学研究生学籍管理规定》的修订方案，展现出其对大学生创业的支持力度和决心：研究生创业，可以停学三年。

2. 有益于大学生实现自我价值

中国全球化智库（Center for China and Globalization，CCG）发布了《2017 中国高校学生创新创业调查报告》（简称《调查报告》）。报告通过对国内百所高校进行调查研究，探究我国高校学生创新创业及高校创新创业教育的发展情况，分析影响高校学生创新创业的主要问题及其需求，分别从高校、政府和社会不同层面提出了促进高校学生开展创新创业的建设性建议，针对性地就提升高校创新创业教育举措提出建议。《调查报告》涉及高校大学生创业意愿、意向创业区域和领域、创业资金来源、创业能力评估、创业教育参与度与满意度等多个维度，以期进一步推动高校学生创新创业环境的发展。

根据《调查报告》，对创新创业有兴趣的学生超过受访学生总数的 60%，其中位居前三的是工学类、管理学类和经济学类的学生；学生创新创业的首要原因不是经济收入，而是期待创业能够使个人不断成长以及实现自我价值；创业团队和个人能力被认为是创新创业成功的重要因素；二线城市是学生意向创新创业的首选地区，高科技行业是学生创新创业的主要意向行业。

调查结果显示，学生更希望在大学阶段尝试创新创业，意向选择在大三时期开始创新创业的学生占 20%；仅有 34%的受访学生认为自身能力基本满足创新创业需求。受访学生认为缺乏资金是创新创业过程中的主要困难，向学校和政府申请资金扶持是学生创新创业考虑的主要资金来源。

超过 80%的受访学生表示了解创新创业配套服务，对于高校提供的创新创业配套服务的评价情况一般，认为提供了较好创新创业配套服务的受访学生不到 30%。高校学生实际开展创新创业活动的人不多，高校对于创新创业教育的投入不足和缺乏创新创业课程是当前阻碍高校创新创业教育发展的主要问题。超过 97%的受访学生希望设立创新创业课程；由创新创业领域专家和创业者教授课程的方式更受青睐。

有超过 50%的受访学生认为制定相关扶持政策是高校学生对于政府支持方面的主要需求；学生们需要全面的创新创业配套服务，特别是资金支持和创新创业辅导课程。

3.有益于推动国家发展

创新是社会的第一发展力，是民族复兴、国家兴旺的不竭动力。培养大学生创新创业能力是适应快速发展的现代化社会的需要。如果青年大学生没有创新创造能力，那么中华民族将没有活力，国家也就没有了发展的动力。当今世界的综合国力竞争，归根结底是科技实力的竞争、高素质人才的竞争。一个拥有创新能力和大量高素质人才资源的国家，将具备发展知识经济的巨大潜力。大力培养大学生创新创业能力，为社会输送一大批具有创新思维的新青年，有效地维持和推动国家创新体系的建立，是实现科教兴国和建设创新型国家的发展战略。

第二节　大学生创新赛事

创新人才的培养是当今社会对高等学校的迫切要求，也是高校义不容辞的职责。采用大学生学科竞赛的方式促进学生的实践能力和创新精神的培养是行之有效的重要手段。

一、大型创新赛事

几种规模比较大的创新赛事如表1-2所示。

表1-2　大型创新赛事

序号	赛事名称	赛事介绍
1	微软“创新杯”全球学生科技大赛	微软“创新杯”全球学生科技大赛(简称“创新杯”)是全球最有影响力的学生科技活动，自2003年创办至今，已历时15届，已有超过来自190个国家和地区的200多万名学生参与了“创新杯”及相关活动。中国学生在微软“创新杯”的国际舞台上屡创佳绩，共获得5项一等奖，9项二等奖，11项三等奖以及数次特别奖奖项
2	全国大学生机械产品数字化设计大赛	全国大学生机械产品数字化设计大赛的目的在于培养学生的创新设计意识、综合设计能力与团队协作精神；加强学生设计能力培养和工程实践训练，提高学生针对实际需求，通过创新思维进行机械设计的工作能力；吸引、鼓励广大学生踊跃参加课外科技活动，为优秀人才脱颖而出创造条件

续表

序号	赛事名称	赛事介绍
3	中国大学生计算机设计大赛	中国大学生计算机设计大赛是根据国家有关高等学校创新能力提升计划、进一步深化高校教学改革、加强教学实践、促进教学相长，切实提高计算机教学质量，运用信息技术解决实际问题的综合实践能力，为培养学生的创新创业能力与团队合作意识，造就更多的德智体美全面发展人才而开展的公益性、非营利性、科技型的群众性活动
4	全国高校科普H5制作大赛	为引导全社会参与科普事业，激发高校青年科研人才参与科普工作的热情，挖掘高校青年学生在新媒体传播形势下创造科普作品的潜力，提升公众对新科学技术的认知和接受能力，中国科学报社联合相关单位启动了“第二届全国高校科普H5制作大赛”
5	“英特尔杯”全国大学生软件创新大赛	近年来，随着人工智能的飞速发展及计算机运算能力的极度提高，如何将人工智能特别是深度学习投入实际社会应用中已经成为工业界各个领域的热点技术，各大研究机构、高等院校、信息技术行业、交通运输行业和医疗行业都已开展基于深度学习的创新研究和应用开发
6	全国大学生机器人大赛RoboMaster机甲大师赛	作为国内首个射击对抗类机器人比赛，RoboMaster机甲大师赛在其诞生伊始就凭借其颠覆传统的机器人比赛方式、震撼人心的试听进击力、激烈硬朗的竞技风格，吸引到全球数百所高等院校、近千家高新科技企业以及数以万计的科技爱好者的深度关注。参赛队员将通过大赛获得宝贵的实践技能和战略思维，将理论与实践相结合，在激烈的竞争中打造先进的智能机器人
7	中国设计智造大奖	中国设计智造大奖(简称“大奖”)创立于2015年，是我国工业设计领域首个国际化的学院奖，是当代创新设计评价、推广与合作的平台，也是一个将创意转向产业与未来的实体创新加速器。大奖以“东方智性、国力智能、生活智慧、创新智库”为核心价值观，倡导设计回归“智造”本源，汇聚世界创意资源，以期“集大成智慧，塑智造未来”
8	下一代互联网技术创新大赛	为响应“网络强国”和“创新驱动”的战略部署，推动我国下一代互联网技术的发展，更好地发挥中国教育和科研计算机网(CERNET)在互联网创新和人才培养方面的作用，教育部科技发展中心与赛尔网络有限公司自2015年起举办“下一代互联网技术创新大赛”，得到了广大高校的热烈响应

二、微软“创新杯”全球学生科技大赛

（一）赛事介绍

2018赛季逢微软“创新杯”全球学生科技大赛16周年，“创新杯”将继续致力于广泛提升青年学生参与度，鼓励科技创新实践。

（1）奖金设立：全球一等奖将获得85000美元的奖金和其他奖励，全球二等奖将获得15000美元的奖金和其他奖励。

（2）为鼓励更多的青年学生积极参与，任何学生科技创新项目均可报名参赛；大赛额外设立了针对大数据、人工智能以及混合现实三个类别的附加奖，每个类别的第一名将获得15000美元的奖金和其他奖励。

（3）在项目中必须应用Windows Azure，此外可选择其他微软技术和平台以供项目使用。在项目中需要充分体现微软技术和平台的价值和优势。

（4）每个团队的成员最多三人，可指定一名指导教师。

（二）评审标准

微软“创新杯”全球学生科技大赛2018赛季评审标准如表1-3所示。

表1-3　2018赛季评审标准

评审项	描　　述	比重
概念	（1）项目是否具有清晰的受众或市场定位？ （2）项目是否清晰针对或解决了某些机会、需求或问题？ （3）项目的目的及基本功能是否易于理解？	15%
创新性	（1）项目是否开拓了一个新的产品或服务领域？ （2）市场上是否已有相同或相似的产品及服务，项目是否具有清晰的意义或超越目前已有产品的突破性？ （3）项目是否提出了一种新的或有意义的改进方案？ （4）在项目的用户体验方面，是否有创新？ （5）项目在技术设计及实现方面是否具有创新？	50%
执行	（1）项目是否易于使用？ （2）项目在用户界面、视觉效果、声音等方面是否达到了一定的专业程度？ （3）项目是否能够顺畅运行，对用户输入做出快速响应？ （4）项目是否选择了适当并且高效的技术平台？还有哪些尚未使用，但可能对项目实现有较大帮助的技术、功能或平台吗？	20%

续表

评审项	描　　述	比重
可行性	(1) 团队是否拥有一个完美的计划和业务模式，以将他们的项目推广到市场？有哪些潜在的合作伙伴、机会或其他因素？ (2) 团队是否进行过任何外部验证、调查，如用户反馈、小组测试或潜在投资者建议？ (3) 团队现有的项目计划中是否给出了充分合理的、赢得市场的理由？	15%

三、全国大学生机械产品数字化设计大赛

(一) 大赛的目的

全国大学生机械产品数字化设计大赛的目的在于培养学生的创新设计意识、综合设计能力与团队协作精神；加强学生设计能力培养和工程实践训练，提高学生针对实际需求，通过创新思维进行机械设计的工作能力；吸引、鼓励广大学生踊跃参加课外科技活动，为优秀人才脱颖而出创造条件。

(二) 大赛的主题、内容与设计要求

2018 年全国大学生机械产品数字化设计大赛的主题为“球类机器人”；内容为“球类投射机器人的设计，球类回收(捡球)机器人的设计，球场服务机器人的设计”。

内容说明：参赛学生通过调研，自行提出设计需求，明确设计功能目标，完成一种球类机器人(如球类投射、球类回收、球场服务)的设计。

设计要求如下。

1. 球类投射机器人要求能完成入球运动或投射

(1) 足球、篮球投射机器人采用轮式结构，可按一定轨迹运动，可改变机体方向、运动速度，机器人独自运动，不考虑与竞争对手的对抗，投射机构可按自设的工作原理将球准确投射入门或入篮。

(2) 其他球类(含排球、网球、高尔夫球、乒乓球、羽毛球等)投射机器人可固定安放在运动场地，以一定频率、一定球速向特定方向投射球，协助运动员击球，达到训练要求。机器人投球方向、发球频率和球速均要求可调。

2. 球类回收(捡球)机器人要求能完成对各种球类的回收

(1) 球类回收机器人在训练场地完成球类的回收。

(2) 机器人采用轮式机构，在场地内可自由移动，以各种设定的原理回收球类。

3.球场服务机器人要求能完成赛场、训练场地的其他服务

（1）球场服务包括高尔夫球场的“机器人球童”一类的服务；或者在各种球赛场界线以外，当球出界时提供向球员回传球的服务；在赛场、训练场可提供的其他服务。

（2）球场服务机器人采用轮式机构，在场地内可自由移动。

4.球类机器人的各种动作及功能须完善、可靠

球类机器人应考虑实现完整的动作及功能的辅助设施，如加入必要的支撑、传动、移动装置；实现功能的原理可各异。

四、中国大学生计算机设计大赛

2018年（第11届）大赛组委会由教育部高等学校计算机类专业教学指导委员会、软件工程专业教学指导委员会、大学计算机课程教学指导委员会、文科计算机基础教学指导分委员会、中国青少年新媒体协会联合组成。

（一）大赛项目

（1）软件应用与开发。

（2）微课与教学辅助。

（3）数字媒体设计（普通组/专业组）。

（4）数字媒体设计动漫游戏（普通组/专业组）。

（5）数字媒体设计1911年前中华优秀传统文化元素设计（普通组/专业组）。

（6）数字媒体设计中华民族服饰手工艺品建筑。

（7）软件服务外包（医药组/企业组）。

（8）计算机音乐创作（普通组/专业组）。

（9）中国大学生人工智能大赛（又名中国高校人工智能大赛）。

数字媒体设计、数字媒体设计动漫游戏、数字媒体设计1911年前中华优秀传统文化元素设计、计算机音乐创作均分普通组与专业组进行评比。

数字媒体设计与数字媒体设计动漫游戏的参赛作品主题为：人工智能畅想。

数字媒体设计1911年前中华优秀传统文化元素设计的主题为：

（1）世界级、国家级、省级的自然遗产、文化遗产、名胜古迹；

（2）先秦主要哲学流派（道/儒/墨/法/名等）；

(3) 以唐诗宋词为代表歌颂中华大好河山的诗、词、散文;

(4) 优秀的传统道德风尚;

(5) 音乐、舞蹈、戏剧、曲艺、国画、汉字、书法、技艺等。

(二) 参赛对象

参赛对象是2018年在校的所有本科生。

五、全国高校科普H5制作大赛

"第二届全国高校科普H5制作大赛"相关介绍如下。

(一) 大赛主题

主题突出通俗性、科普性、趣味性。

主题一:环境保护知识。

介绍人们日常生活中的环境保护科学知识。

主题二:日常科学知识。

介绍日常生活中常见的,但并不为公众所熟知的科学知识,突出知识的趣味性或实用性。

主题三:破解科学谣言。

以公众有所误解的科学知识或事件为主体,解释其背后的正确科学理论,引导公众正确认识科学,内容须贴近生活。

选手可在以上主题中任选其一,内容须符合所在主题的规定。

(二) 作品要求

(1) 高校在读本科或研究生,专业不限。参赛作品必须为选手本人或团队原创作品,严禁抄袭。

(2) 参赛作品页面不少于6页(含封面、封底),总页面控制在15页以内。

(3) 参赛作品主题鲜明,内容必须真实,如有虚假,取消比赛资格。

(4) 参赛作品须能够在IOS、Android主流移动设备上正确显示。

(5) 参赛作品提供独立文件包,可正确支持主流web服务。

(6) 参赛作品须尊重版权,所涉及图片、视频等如非原创,需说明出处。

(7) 参赛作品请注明作者姓名、所在单位及联系方式。

(8) 制作工具不限。

第三节　大学生创业赛事

创业计划竞赛起源于美国，又称商业计划竞赛，是风靡全球高校的重要赛事。它借用风险投资的运作模式，要求参赛者组成优势互补的竞赛小组，提出一项具有市场前景的技术、产品或服务，并围绕这一技术、产品或服务，以获得风险投资为目的，完成一份完整、具体、深入的创业计划。

2013 年 11 月 8 日，习近平总书记向 2013 年全球创业周中国站活动组委会专门致贺信，特别强调了青年学生在创新创业中的重要作用，并指出全社会都应当重视和支持青年创新创业。

一、大型创业赛事

根据党中央的有关精神指示，适应大学生创业发展的形势需要，以增强大学生创新、创意、创造、创业的意识和能力为重点，以深化大学生创业实践为导向，各类创业赛事都变得火热起来，接下来介绍几种规模比较大的创业赛事，如表 1-4 所示。

表 1-4　大型创业赛事

序号	赛事名称	赛事介绍
1	“挑战杯”中国大学生创业计划竞赛	“挑战杯”竞赛在中国共有两个并列项目，一个是“挑战杯”中国大学生创业计划竞赛，另一个则是“挑战杯”全国大学生课外学术科技作品竞赛。竞赛采取学校、省（自治区、直辖市）和全国三级赛制，分预赛、复赛、决赛三个赛段进行
2	“创青春”中国青年创新创业大赛	采用“主体赛＋分组赛”的赛制，具体分为主体赛事（工商组、现代农业和农村电子商务组）和互联网组赛事，另设 APP 专项赛（各赛项参赛规则见官网）
3	中国创新创业大赛	大赛分报名、地方赛和总决赛三个阶段。总决赛按照电子信息（苏州）、新材料（宁波）、新能源及节能环保（西安）、生物医药（厦门）、先进制造（洛阳）、互联网及移动互联网（桐乡）6 个行业进行比赛
4	全国大学生智能互联创新大赛	大赛按照智能家居、智能交通、智能仪器、自由命题这四个主题，分五个竞赛组，参赛学生按竞赛组的有关要求，自行选题

续表

序号	赛事名称	赛事介绍
5	中国“互联网+”大学生创新创业大赛	以团队为单位报名参赛。允许跨校组建团队。每个团队的参赛成员不少于 3 人，须为项目的实际成员。各团队根据参赛项目所处的创业阶段及已获投资情况，大赛分为创意组、初创组和成长组
6	中国大学生服务外包创新创业大赛	大赛赛题分为 A、B、C 三类(A 类，企业命题类；B 类，自由命题类；C 类，创业实践类)，参赛队以学校为单位，统一集中报名。每队队员数量上限为 5 人，指导教师上限为 2 人，指导教师应限于赛题与方案指导，不直接参与方案内容撰写或直接负责某部分内容竞赛
7	全国大学生“创新、创意及创业”挑战赛(3 创赛)	大赛题目来源可以为国内外企业、行业出题以及学生自拟题目等，大赛提倡不拘一格选题参赛，鼓励创新思维、创意设计和创业实施。所有参赛作品必须为参赛者未公开发表或孵化原创作品，如涉及侵权，参赛队则要自行承担相应的责任
8	GIX 创新大赛	2016 年大赛的主题是“智慧互联、源头创新、改变世界”，大赛征集“智慧互联”作品的创作方向有： (1) 科技前瞻(如物联网、穿戴设备、智能硬件、VR、AR、普适计算、智能感知、自然交互等方面的软、硬件技术及应用创新)； (2) 现实需求(如教育、环保、健康医疗、交通、健身、家居、娱乐、信息无障碍等)

二、“挑战杯”中国大学生创业计划竞赛

“挑战杯”全国大学生系列科技学术竞赛由江泽民同志亲自题写杯名，由共青团中央、中国科协、教育部和全国学联联合主办。它分为“挑战杯”全国大学生课外学术科技作品竞赛和“挑战杯”中国大学生创业计划竞赛两类，这两个项目的全国竞赛交叉轮流开展，每个项目每两年举办一届，已被公认为中国大学生的“科技奥林匹克圣会”。

1999 年，由共青团中央、中国科协、全国学联主办，清华大学承办的首届“挑战杯”中国大学生创业计划竞赛成功举办。2000 年，第二届“挑战杯”中国大学生创业计划竞赛在上海交通大学成功举办。2002 年，第三届“挑战杯”中国大学生创业计划竞赛在浙江大学成功举办。2004 年，第四届“挑战杯”中国大学生创

业计划竞赛在厦门大学成功举办。2006 年，第五届“挑战杯”中国大学生创业计划竞赛在山东大学成功举办。2008 年，第六届“挑战杯”中国大学生创业计划竞赛在四川大学成功举办，把大学生创业浪潮推向了新的高峰。第七届“挑战杯”中国大学生创业计划竞赛决赛于 2010 年 9 月在吉林大学成功举办。第八届“挑战杯”中国大学生创业计划竞赛由上海市政府、同济大学于 2012 年共同承办，共有内地 152 所高校的 200 件作品进入全国决赛。

（一）竞赛目的

引导和激励高校学生弘扬时代精神，把握时代脉搏，将所学知识与经济社会发展紧密结合；培养和提高高校学生创新、创造、创业的意识和能力；并在此基础上促进高校学生就业创业教育的蓬勃开展，发现和培养一批具有创新思维和创业潜力的优秀人才。

（二）竞赛流程

(1) 高等学校在校学生通过申报商业计划书参赛，有条件的团队可在此基础上进行商业运营实践。

(2) 聘请专家评定出具备一定操作性、应用性以及良好市场潜力和发展前景的优秀作品，给予奖励。

(3) 组织作品和成果的交流、展览、转让活动。

三、中国创新创业大赛

2016 年第五届中国创新创业大赛由科技部、财政部、教育部、全国工商联联合主办。为整合创业资源，引导社会各界力量支持创新创业，搭建服务创新创业平台，激发全民创新创业的热情，掀起创新创业的热潮，打造推动经济发展和转型升级的强劲引擎。

大赛聚集和整合人才、技术、资本、市场等各种创新创业要素，提供辅导培训、金融投资、技术转移、展览展示、市场对接等各类服务，加速中小微企业的成长壮大，打造全国最强的“众扶”机制，大赛探索以创投专家为评委、以市场化方式进行项目评审的新途径，建立便于媒体和社会监督且公正、公开、公平的筛选方式，促进科技计划管理体制改革和财政资金支持方式的创新。

（一）大赛项目

大赛分为“中国创新创业大赛”和“中国创新创业大赛专业赛”两类赛式，企业组可以同时填报两类赛式，中国创新创业大赛按照“初创企业组”和“成长企业组”进行比赛，专业赛按照“初创企业组”“成长企业组”“团队组”进行比赛。

（二）参赛对象

大赛按照团队组和企业组进行比赛。参赛的团队和企业应具有创新能力和高成长潜力，主要从事高新技术产品研发、制造、生产及服务等方面的业务，经营规范，社会信誉良好。前四届大赛总决赛获得名次企业不参加本届大赛。

1.团队组参赛条件

（1）在报名时未在国内注册成立企业的、拥有科技创新成果和创业计划的团队，如海外留学回国创业人员、进入创业实施阶段的优秀科技团队、大学生创业团队等。

（2）核心团队成员不少于 3 人。

（3）参赛项目的产品、技术及相关专利归参赛团队，与其他任何单位或个人无产权纠纷。

2.企业组参赛条件

（1）符合国家划型标准的，且 2015 年销售额不超过 1.5 亿元人民币的科技型中小微企业。

（2）拥有自主知识产权且无产权纠纷。

（3）非上市企业且无不良记录（在新三板挂牌的可以参赛）。

四、全国大学生智能互联创新大赛

教育部高等学校电子信息类专业教学指导委员会联合 ARM，Xilinx，ST，ADI，Google 这 5 家全球著名高新技术企业，从 2016 年开始，举办“全国大学生智能互联创新大赛”。第一届大赛联合了模拟、数字、SoC，以及软件领域的著名企业，第一次实现了全产业链支持，为高校实验实践教学与工业界最新技术、产业动态的衔接搭建桥梁，同时吸引优秀的高技术企业加入高校实验实践教学改革，并通过优秀作品，发掘高端人才。承办单位联合清华大学出版社、安创空间-ARM 加速器等单位，为优秀作品提供进一步的孵化服务，使学生得到产业化过程锻炼，为高校创新创业教育开辟新途径。

（一）大赛项目

大赛按照智能家居、智能交通、智能仪器、自由命题这四个主题，设下面五个竞赛组，参赛学生按竞赛组的有关要求，自行选题。

1. 智能家居组

针对智能家居热门应用的相关课题，进行创新性产品、服务和技术探讨，推荐但不限如下创新方向：家庭智能化，环保，健康，安全，娱乐，服务机器人等应用。

2. 智能交通无人机竞速赛组

针对在交通领域无人机方向，进行技术探讨和创新。参赛队伍需要完成指定路线飞行，并完成指定任务。

3. 智能交通无人机智能应用组

针对在交通领域无人机方向，进行技术探讨和创新。就无人机的智能应用创新，完成系统设计，包括传感器信号采集处理、飞行控制、位置感知、智能避障手势控制等。

4. 智能仪器组

针对"中国制造 2025""工业 4.0"等相关方向，进行相关仪器设备领域的创新，如使传统设备具备智能和互联功能，将传统仪器设备与移动应用结合等。

5. 自由命题组

针对智能互联创新这一大方向，进行以上选题方向之外的创新应用开发，如智能医疗、无人车、智能基站、智能农业（不限于所列方向）等。

（二）参赛对象

主要面向国内本科院校及科研院所在校学生（以拥有学籍为准）。

五、中国"互联网＋"大学生创新创业大赛

首届中国"互联网＋"大学生创新创业大赛，以"'互联网＋'成就梦想，创新创业开辟未来"为主题，由教育部与有关部委和吉林省人民政府共同主办。大赛旨在深化高等教育综合改革，激发大学生的创造力，培养造就"大众创业、万众创新"的生力军；推动赛事成果转化，促进"互联网＋"新业态形成，服务经济提质增效升级；以创新引领创业、创业带动就业，推动高校毕业生以更高的质量创业就业。

（一）参赛项目

2016 年第二届大赛主题：拥抱"互联网＋"时代　共筑创新创业梦想。

参赛项目要求能够将移动互联网、云计算、大数据、物联网等新一代信息技术与经济社会各领域紧密结合，培育基于互联网的新产品、新服务、新业态、新模式。发挥互联网在促进产业升级以及信息化和工业化深度融合中的作用，促进制造业、农业、能源、环保等产业转型升级。发挥互联网在社会服务中的作用，创新网络化服务模式，促进互联网与教育、医疗、交通、金融、消费生活等深度融合。

参赛项目主要包括以下类型：

(1)"互联网＋"现代农业，包括农、林、牧、渔等；

(2)"互联网＋"制造业，包括智能硬件、先进制造、工业自动化、生物医药、节能环保、新材料、军工等；

(3)"互联网＋"信息技术服务，包括工具软件、社交网络、媒体门户、数字娱乐、企业服务等；

(4)"互联网＋"商务服务，包括电子商务、消费生活、金融、旅游户外、房产家居、高效物流等；

(5)"互联网＋"公共服务，包括教育文化、医疗健康、交通、人力资源服务等；

(6)"互联网＋"公益创业，以社会价值为导向的非盈利性创业。

(二) 参赛对象

以团队为单位报名参赛。允许跨校组建团队。每个团队的参赛成员不少于3人，须为项目的实际成员。参赛团队所报参赛创业项目，须为本团队策划或经营的项目，不可借用他人项目参赛。已获首届中国"互联网＋"大学生创新创业大赛金奖和银奖的项目，不再报名参赛。根据参赛项目所处的创业阶段及已获投资情况，大赛分为创意组、初创组和成长组。具体参赛条件如下。

1. 创意组

参赛项目具有较好的创意和较为成型的产品原型或服务模式，但尚未完成工商登记注册。参赛申报人须为团队负责人，须为普通高等学校在校生(可为本科生、专科生、研究生，不含在职生)。

2. 初创组

参赛项目工商登记注册未满3年(2013年3月1日后注册)，且获机构或个人股权投资不超过1轮次。参赛申报人须为企业法人代表，须为普通高等学校在校生(可为本科生、专科生、研究生，不含在职生)，或毕业 5 年以内的毕业生(2011 年 6 月 10 日之后毕业)。

3. 成长组

参赛项目工商登记注册 3 年以上(2013 年 3 月 1 日前注册)；或工商登记注册未满 3 年(2013 年 3 月 1 日后注册)，且获机构或个人股权投资 2 轮次以上(含 2 轮次)。参赛申报人须为企业法人代表，须为普通高等学校在校生(可为本科生、专科生、研究生，不含在职生)，或毕业 5 年以内的毕业生(2011 年 6 月 10 日之后毕业)。

本章小结

本章主要讲述了创新创业实训的基本原理以及国内主要的大学生创新创业赛事。首先，介绍了创新创业的相关概念以及创新创业对大学生的意义；其次，介绍了国内大型的大学生创新赛事和大学生创业赛事；最后，详细介绍了一些影响重大的国内创新、创业赛事。

第二章　创新思维与创新方法

第一节　树立创新意识

创新意识指人们根据社会和个体生活发展的需要，引起创造前所未有的事物或观念的动机，并在创造活动中表现出的意向、愿望和设想。它是人类意识活动中的一种积极的、富有成果性的表现形式，是人们进行创造活动的出发点和内在动力，是人们发散创造性思维和展现创造力的前提。

一、克服思维定势

（一）思维定势的定义

思维定势，也称"惯性思维"，是由先前的活动而造成的一种对活动的特殊的心理准备状态，或对活动的倾向性。在环境不变的条件下，思维定势使人能够应用已掌握的方法迅速解决问题；而在情境发生变化时，它则会妨碍人采用新的方法。消极的思维定势是束缚创造性思维的枷锁。

先前形成的知识、经验、习惯，都会使人们形成认知的固定倾向，从而影响后来的分析、判断，形成"思维定势"，即思维总是摆脱不了已有"框框"的束缚，表现出消极的思维定势。

认识的固定倾向是一种习惯，而习惯却是一种因循式的思维形式。习惯是已经熟练掌握的不假思索的反应行为和适应行为，经常使人不饥而食、不困而眠、不愠而吼，压倒合理的思想而不给它以自由发挥的机会。若想要提高能力，就必须从冲破思维定势开始。

（二）思维定势的种类

思维定势主要有书本定势、权威定势、从众定势和经验定势这四种形式。

1. 书本定势

所谓书本定势，就是在思考问题时不顾实际情况，不加思考地盲目运用书本知识，一切从书本出发，以书本为纲的思维模式。虽然书本对人类所起的积极作用是显而易见的，但是许多书本知识是有时效性的。随着社会的发展，有些书本知识会过时，而知识需要更新，所以当书本知识与客观事实之间出现差异时，受到书本知识的束缚，死抱住书本知识不放，就会形成思想障碍，失去获得重大新成果的机会。

例如，20世纪50年代，美国某科研部门研制一种高频放大管。一查资料：如果采用玻璃管，高频放大的极限频率是25个计算单位。这就把科研人员难住了，还能不能使用玻璃管呢？为书本所困，该科研项目很长时间没有进展。后来换了一半新的人员，并且上级指示：不许查阅有关资料，大胆地干。该部门最终却研制成功了频率达到1000个计算单位的高频放大管。

2. 权威定势

在思维领域，不少人习惯引证权威的观点，不假思索地以权威的是非为是非，一旦发现与权威相违背的观点，就认为是错误的，这就是权威定势。事实上权威也是会犯错误的。大发明家爱迪生曾经极力反对交流电，许多科学家都曾预言飞机是不能上天的。所以，英国皇家学会的会徽上有一句话："不迷信权威"。

3. 从众定势

骑着自行车来到十字路口，正好赶上红灯，本应停下来，但是看到大家都骑着车往前冲，自己也毫不迟疑地跟着往前冲。这样一种"随大流，别人怎么做，我也怎么做，别人怎么想，我也怎么想"的思维模式，就是从众定势。从众定势产生的原因，可能是屈服于群体的压力，或是认为随波逐流没错。然而，从众定势使人缺少独立性，难以产生创造性思维。

4. 经验定势

通过长时间的实践活动所积累的经验，是值得重视和借鉴的。但是，经验只是人们在实践活动中取得的感性认识，并未充分反映出事物发展的本质和规律。人们受经验定势的束缚，就会墨守成规，失去创新能力。

（三）思维定势的作用

1. 积极作用

思维定势对于问题解决具有极其重要的意义。在解决问题中，思维定势的作用:根据面临的问题联想起已经解决的类似的问题,将新问题的特征与旧问题的特征进行比较,抓住新旧问题的共同特征,将已有的知识和经验与当前问题情境建立联系,利用处理过类似的旧问题的知识和经验处理新问题,或把新问题转化成一个已解决的熟悉的问题,从而为新问题的解决做好积极的心理准备。具体地说,在解决问题中,思维定势主要包括以下三方面内容。

(1) 定向解决问题须有明确的方向和清晰的目标,否则,解题将会陷入盲目性。定向是成功解题的前提。

(2) 定向方法是实现目标的手段,广义的方法泛指一切用来解决问题的工具,也包括解题所用的知识。不同类型的问题总有相应的、常规的,或特殊的解决方法。定向方法能使我们对症下药,它是解题思维的核心。

(3) 定向解决问题是一个有目的、有计划的活动,必须有步骤地进行,并遵守规范化的要求。

思维定势是一种按常规处理问题的思维方式。它可以省去许多摸索、试探的步骤,缩短思考时间,提高效率。在日常生活中,思维定势可以帮助人们解决每天碰到的90%以上的问题。但其在创新方面有不利因素。

2. 消极作用

思维定势对问题解决既有积极的一面,也有消极的一面,它容易使我们产生思想上的惰性,养成一种呆板、机械、千篇一律的解题习惯。当新旧问题形似质异时,思维的定势往往会使解题者步入误区。

大量事例表明,思维定势确实对问题解决具有较大的负面影响。当一个问题的条件发生质的变化时,思维定势会使解题者墨守成规,难以涌出新思维,做出新决策,造成知识和经验的负迁移。

根据唯物辩证法观点,不同的事物之间既有相似性,又有差异性。思维定势所强调的是事物间的相似性和不变性。在解决问题中,它是一种"以不变应万变"的思维策略。所以,当新问题相对于旧问题,是其相似性起主导作用时,由旧问题的求解所形成的思维定势往往有助于新问题的解决;而当新问题相对于旧问题,是其差异性起主导作用时,由旧问题的求解所形成的思维定势则往往有碍于新问题的解决。

从思维过程的大脑皮层活动情况看,定势的影响是一种习惯性的神经联系,即前次的思维活动对后次的思维活动有指引性的影响。所以,当两次思维活动属于同类性质时，前次思维活动会对后次思维活动起正确的引导作用；当两次思维活动属于异类性质时，前次思维活动会对后次思维活动起错误的引导作用。

（四）打破思维定势的方法

知道了什么是思维定势和思维定势所产生的作用以后，人们在创新的过程中肯定是想打破思维定势的。那么，怎样才可以打破思维定势呢？可以用下面的策略。

在遇到问题时，不要急着依据经验、权威去解决或做出判断，而可以试着问自己几个问题，感受一下思维方式的转变：

（1）这个问题能否被替代？

（2）能否把事情倒过来看待或思考？

（3）这个问题能否用其他形式来表示？有几种形式？

二、打破权威枷锁，建立怀疑意识

（一）权威枷锁

权威枷锁通常指人们思维上的一种枷锁。在思维领域，不少人习惯于引用权威的观点，而发现与权威相违背的观点或理论时，便想当然地认为其必错无疑。在需要推陈出新的时候，人们往往很难突破权威的束缚而总是被权威牵着鼻子走。然而，要知道，在历史的长河中，任何权威都只是一时的而不是长久的。

（二）怀疑意识

怀疑意识是创新精神中一种重要的表现形式。怀疑似乎在人们的心目中是一个带有贬义的词语。但是从哲学认识论的角度来说，怀疑却是人类思维的一种形式，是发现真理和认识真理的前提条件和逻辑起点。如何树立怀疑意识？首先要能正确地树立科学观，敢于向权威发起挑战，通过积极的方式探求客观世界的奥秘，以消极怀疑的态度否定陈旧的认识，正如爱因斯坦所说："提出一个问题往往比解决一个问题更重要。"

三、树立突破创新意识，克服保守偏见

（一）树立突破创新意识

突破创新是一个民族进步的灵魂，是一个人保持蓬勃朝气和昂扬锐气的力量源泉。突破是一种锐意进取的精神意识，是一种勇于探索的工作态度，是一

种不断追求卓越、追求进步、追求发展的理念。树立一种突破创新的意识，要突破自己的惯性，摒弃固定不变的思维。思想观念的创新要破除保守心理，走出因循守旧、墨守成规、满足现状、不思进取的思维模式。

（二）克服保守、偏见

保守是一种倾向，人们容易接受并喜欢现存的东西，满足于现状而不企求或寻找其他东西。如果人们树立了正确的突破意识，就可以打破保守这种倾向。

偏见是由产品分配不平均，以及人类变化多端的感性思维导致的。从原始社会产生产品平均分配制开始，到生产力发达后，私有制产生，随着剥削现象的发生，偏见逐渐在社会上随处可见。

现实中，偏见是因为其他事物与自己的主观观点不符，加上感情的偏激，所造成的倾向。克服它可以从以下两个方面做出努力：

（1）改变主观观点，扩大自己的认知面，从根本上理解事物的本质，避免产生狭隘的认识；

（2）改变感情偏向，或增大感情偏向，淡泊名利，扩大心胸，减少负面情绪。

第二节　重要的创新思维方法

一、形象思维

1. 概念

形象思维指以具体的形象或图像为内容的思维形态，是人的一种本能思维，人一出生就会无师自通地以形象思维方式考虑问题。

形象思维内在的逻辑机制是形象观念间的类属关系。抽象思维是以一般的属性表现个别的事物，而形象思维则要通过独具个性的特殊形象来表现事物的本质。因此，形象观念作为形象思维逻辑起点，其内涵就是蕴含在具体形象中的某类事物的本质。

2. 作用

形象思维是反映和认识世界的重要思维形式，是培养人、教育人的有力工具，在科学研究中，科学家除了使用抽象思维以外，也经常使用形象思维。在企业经营中，高度发达的形象思维，是企业家在激烈而又复杂的市场竞争中能取胜的不可缺少的重要条件。高层管理者离开了形象信息，离开了形象思维，他所得到的信息就可能只是间接的、过时的，甚至不确切的，因此也就难以做出正确的决策。

3. 特性

形象思维的特性主要有：形象性，直接性，敏捷性，创造性，思维结果的可描述性，情感性等。

4. 方法

运用形象思维进行创新的方法分为四类：模仿法、想象法、组合法、移植法。它们的特点如表 2-1 所示。

表 2-1　形象思维的方法及特点

类别	特　点
模仿法	以某种模仿原型为参照，在此基础之上加以变化从而产生新事物的方法。很多发明创造都建立在对前人或自然界的模仿的基础上，如模仿鸟发明了飞机，模仿鱼发明了潜水艇，模仿蝙蝠发明了雷达
想象法	在脑中抛开某事物的实际情况，而构成深刻反映该事物本质的简单化、理想化的形象。直接想象是现代科学研究中广泛运用的进行思想实验的主要手段
组合法	从两种或两种以上事物或产品中抽取合适的要素重新组合，构成新的事物或新的产品的创造技法。常见的组合技法一般有同物组合、异物组合、主体附加组合、重组组合四种
移植法	将一个领域中的原理、方法、结构、材料、用途等移植到另一个领域中去，从而产生新事物的方法。主要有原理移植、方法移植、功能移植、结构移植等类型

二、逆向思维

1. 概念

逆向思维是一种比较特殊的思维方式，它的思维取向总是与常人的思维取向相反，比如人弃我取，人进我退，人动我静，人刚我柔等。这个世界上不存在绝对的逆向思维模式，当一种公认的逆向思维模式被大多数人掌握并应用时，它也就变成了正向思维模式。

逆向思维并不是主张人们在思考时违逆常规，不受限制地胡思乱想；而是倡导人们训练一种小概率思维模式，即在思维活动中关注小概率可能性的思维。

逆向思维是发现问题、分析问题和解决问题的重要手段，有助于克服思维定势的局限性，是决策思维的重要方式。

2. 特性

(1) 反向性。反向性是逆向思维的重要特点，也是逆向思维的出发点，逆向思维离开了它也就不存在。

(2) 异常性。逆向思维总是采取特殊的方式来解决问题，这是它的异常性。

(3) “悖论”。反向性和异常性的存在，使得逆向思维在实践中常给人“它是悖论”的印象。牛顿物理学、相对论和量子力学中均蕴含对立物共存和互相作用的逆向思维。

3. 类别

逆向思维可以分为反向思维、雅努斯式思维、黑格尔式思维三种类型，如表 2-2 所示。

表 2-2 逆向思维的分类

类别	特　　点
反向思维	通常对普遍接受的信念或做法进行质疑，然后查看它的对立面是什么。如果对立面是有道理的，那么就朝对立面方向进行。 在如下情况下，可以进行反向思维：一是考虑要做某种相反的事情；二是考虑用其对立面来获得某物；三是如果意识到别人是错的，而你是正确的，但你仍然认为对方错误的观点中也有值得肯定的地方
雅努斯式思维	在人的大脑里构想或引入事物的正反两个方面，并使它们同时存在于大脑里，考虑它们之间的关系，相似之处、不同之处、相互作用等，然后创造出新事物。这种双面思维相当艰难，因为它要求保持两个对立面并存于你的大脑中，是一种思考技能
黑格尔式思维	采取一种观念，容纳它的反面，然后试着把两者融合成第三种观念，即变成一种独立的新观念。这种辩证的过程需要三个连续的步骤：论题、反题以及合题

4. 方法

培养逆向思维常有怀疑法、对立互补法、悖论法、批判法、反事实法，如图 2-1 所示。

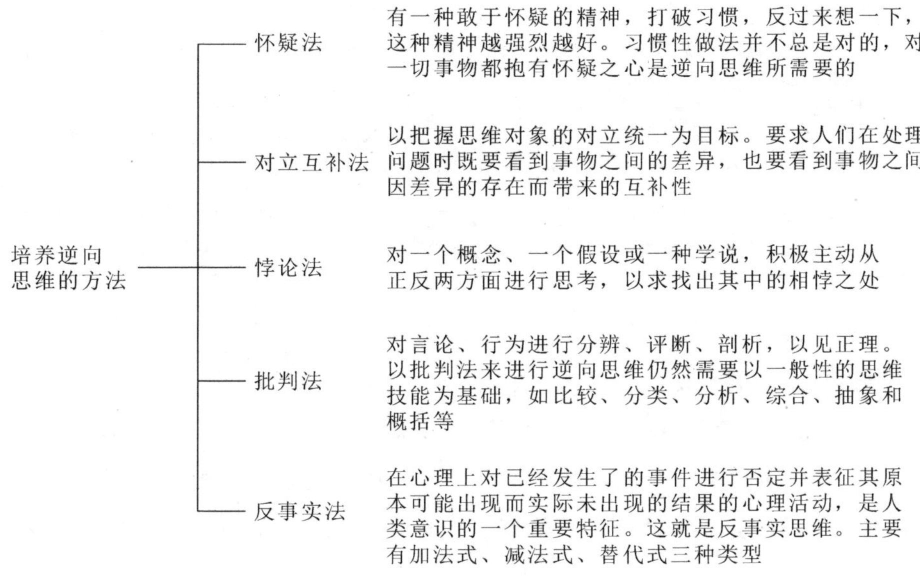

图 2-1 培养逆向思维的方法

三、灵感思维

1. 内涵

灵感思维活动本质上就是一种潜意识与显意识之间相互作用、相互贯通的理性思维认识的整体性创造过程。

灵感思维作为高级复杂的创造性思维理性活动形式，不是一种简单逻辑或非逻辑的单向思维，而是逻辑性与非逻辑性相统一的理性思维整体过程。

2. 特点

灵感思维具有突发性和模糊性、独创性、非自觉性、思维灵活活动的意象性、思维高度灵活的互补综合性等特点，如表 2-3 所示。

表 2-3 灵感思维的特点

类别	含 义
突发性和模糊性	由于不是在显意识领域单纯地遵循常规逻辑过程形成的，所以灵感思维产生的程序、规则以及思维的要素与过程等都不是被自我意识能清晰地意识到的，而是模糊不清、“只可意会不可言传”的
独创性	独创性是定义灵感思维的必要特征。不具有独创性，就不能叫灵感思维

续表

类别	含　义
非自觉性	其他的思维活动，都是一种自觉的思维活动，灵感思维的突出性，必然带有它的非自觉性
思维灵活活动的意象性	在灵感思维活动过程中，潜意识领域或显意识领域总伴有思维意象运动的存在。没有意象的暗示与启迪就没有思维的顿悟
思维高度灵活的互补综合性	思维高度灵活的互补综合性是灵感思维的重要特征，如潜意识与显意识的互补综合，逻辑与非逻辑的互补综合，抽象与形象的互补综合等

3.表现形式

灵感思维的表现形式主要有：久思而至、梦中惊成、自由遐想、急中生智、另辟新径、原型启示、触类旁通、豁然开朗、见微知著、巧遇新迹。

(1) 久思而至。指思维主体在长期思考竟日不就的情况下，暂将研究搁置，转而进行与该研究无关的活动。恰好是在这个“不思索”的过程中，无意中找到答案或线索，完成久思未决的研究项目。

(2) 梦中惊成。梦是以被动的想象和意念表现出来的思维主体对客体现实的特殊反映，是大脑皮层整体处于抑制状态中，少数神经细胞兴奋并进行随机活动而形成的戏剧性结果。并不是所有人的梦都具有创造性的内容。梦中惊成，同样只留给那些“有准备的科学头脑”。

(3) 自由遐想。科学上的自由遐想是指研究者自觉放弃僵化的、保守的思维习惯，而围绕科研主题，依照一定的随机程序，对自身内存的大量信息进行自由组合与任意拼接的过程。研究者经过数次、乃至数月、数年的意境驰骋和间或的逻辑推理，完成一项或一系列课题的研究。

(4) 急中生智。利用此方法的例子，在社会活动中数不胜数。它指的是人们在情急之中做出了一些行为，而结果证明这些行为是正确的。

(5) 另辟新径。在思维主体进行科学研究过程中，课题内容与兴奋中心都没有发生变化，但其思绪却由于灵机一动而转移到与原来解题思路相异的方向。

(6) 原型启示。在触发因素与研究对象的构造或外形几乎完全一致的情况下，已经有充分准备的研究者一旦接触到这些触发因素，就能产生联想，并直接从客观原型推导出新发明的设计构型。

（7）触类旁通。人们偶然从其他领域的既有事实中受到启发，进行类比、联想、辩证升华而获得成功。“他山之石，可以攻玉”。触类旁通往往需要思维主体具有深刻的洞察能力，能把表面上看起来完全不相干的两件事情联系起来，进行内在功能或机制上的类比分析。

（8）豁然开朗。这种顿悟的诱因来自外界的思想点化。主要通过语言表达的一些明示或隐喻获得。豁然开朗这种方法中的思想点化，一般来说要有以下几个条件：一是“有求”，二是“存心”，三是“善点”，四是“巧破”。

（9）见微知著。从别人不觉得稀奇的平常小事上，敏锐地发现新生事物的苗头，并且深究下去，直到做出一定建树为止。见微知著必须独具慧眼，也就是用眼睛看的同时，配合敏捷的思维。

（10）巧遇新迹。由灵感得到的创新成果与预想目标不一致，属意外所得。许多研究者把这种意外所得看作“天赐良机”，也有人称之为“正打歪着”或“歪打正着”。

四、逻辑思维

1. 概念

逻辑思维指符合某种人为制定的思维规则和思维形式的思维方式，主要指遵循传统形式逻辑规则的思维方式。常称它为“抽象思维”或“闭上眼睛的思维”。

逻辑思维是人脑的一种理性活动，思维主体把感性认识阶段获得的对于事物认识的信息材料抽象成概念，运用概念进行判断，并按一定逻辑关系进行推理，从而产生新的认识。逻辑思维具有规范、严密、确定和可重复的特点。

2. 特征

概念的特征：内涵和外延。

判断的特征：一是判断必须对事物有所断定；二是判断总有真假。

推理的特征：演绎推理的逻辑特征为如果前提真，那么结论一定真，是必然性推理；非演绎推理的逻辑特征为虽然前提是真的，但不能保证结论是真的，是或然性推理。

3. 性质

（1）定义。逻辑思维是揭示概念内涵的逻辑方式，用简洁的词语揭示概念反映的对象的特有属性和本质属性。定义的基本方法是“种差”加最邻近的“属”概念。定义的规则：一是定义概念与被定义概念的外延相同；二是定义不能用否定形式；三是定义不能用比喻；四是不能循环定义。

（2）划分。划分是明确概念全部外延的逻辑方法，是将“属”概念按一定标准分为若干种概念。划分的逻辑规则：一是子项外延之和等于母项的外延；二是一个划分过程只能有一个标准；三是划分出的子项必须全部列出；四是划分必须按属种关系分层逐级进行，不可以越级。

五、发散思维

1. 概念

发散思维又称辐射思维、放射思维、扩散思维或求异思维。它是大脑在思考时呈现的一种扩散状态的思维模式，比较常见。它表现为思维视野广阔，思维呈现出多维发散状。

2. 特性

（1）流畅性。就是观念的自由发挥。指在尽可能短的时间内生成并表达出尽可能多的思维观念，以及较快地适应、消化新的思想、概念。一个人的机智程度与其发散思维的流畅性密切相关。流畅性反映的是发散思维的速度和数量特征。

（2）变通性。就是人们克服头脑中某种自己设置的僵化的思维框架，按照某一新的方向来思索问题的特性。

变通性需要借助横向类比、跨域转化、触类旁通，使发散思维沿着不同的方面和方向扩散，表现出极其丰富的多样性和多面性。

（3）独特性。就是人们在发散思维中做出不同寻常的、异于他人的新奇反应的能力。独特性是发散思维的最高目标。

（4）多感官性。发散思维不仅运用视觉和听觉，而且也充分利用其他感官接收信息并进行加工。发散思维还与情感有密切关系。如果思维主体能够想办法激发兴趣，产生激情，把信息情绪化，赋予信息以感情色彩，那么其发散思维的速度与效果都会得到提高。

3. 方法

（1）一般方法。发散思维具有如下一般方法。

材料发散法指思维主体以某个物品尽可能多的“材料”为发散点，设想它的多种用途。

功能发散法指思维主体以某事物的功能为发散点，构想出获得该功能的各种可能性。

结构发散法指思维主体以某事物的结构为发散点，设想出利用该结构的各种可能性。

形态发散法指思维主体以事物的形态为发散点，设想出利用某种形态的各种可能性。

组合发散法指思维主体以某事物为发散点，尽可能多地把它与其他事物进行组合并形成新事物。

方法发散法指思维主体以某种方法为发散点，设想出利用该方法的各种可能性。

因果发散法指思维主体以某事物发展的结果为发散点，推测出造成该结果的各种原因，或者由原因推测出可能产生的各种结果。

(2) 假设推测法。假设的问题不论是任意选取的，还是有所限定的，所涉及的都应当是与事实相反的情况，是暂时不可能的或是现实不存在的事物、对象和状态。

由假设推测法得出的观念可能大多是不切实际的、荒谬的、不可行的，这并不重要，重要的是有些观念在经过转换后，可以成为合理的有用的思想。

(3) 集体发散法。发散思维不仅需要用上人们自己的全部大脑，有时候还需要用上人们身边的无限资源，集思广益。集体发散法可以采取不同的形式，比如人们常常戏称的“诸葛亮会”。

六、系统思维

1. 概念

系统是一个概念，反映了人们对事物的一种认识，即系统是由两个或两个以上的元素组成的有机整体，但并不等于其局部元素的简单相加。这一概念揭示了客观世界的某种本质属性，有无限丰富的内涵和外延，其内容就是系统论或系统学。系统论作为一种普遍的方法论是迄今为止人类所掌握的最高级思维模式。

系统思维指以系统论为思维基本模式的思维形态，它不同于抽象思维或形象思维等本能思维形态。系统思维能极大地简化人们对事物的认知，带来整体观。

2. 方法

系统思维所使用的方法如表 2-4 所示。

表 2-4 系统思维所使用的方法

类别	特点
整体法	整体法要求把思考问题的方向对准全局和整体，即思考从全局和整体出发。如果在应该运用整体思维进行思考的时候，不用整体思维法，那么事物无论在宏观或是微观方面，都会受到损害
结构法	进行系统思维时，注意系统内部结构的合理性。系统由各部分组成，部分与部分之间组合是否合理，对系统有很大影响。这就是系统中的结构问题。好的结构，是指组成系统的各部分间组织合理，是有机的联系
要素法	每一个系统都由各种各样的因素构成，其中相对具有重要意义的因素称为构成要素。要使整个系统正常运转并发挥最好的作用或处于最佳状态，必须对各要素考察周全，充分发挥各要素的作用
功能法	为了使一个系统呈现出最佳状态，从大局出发来调整或改变系统内部各部分的功能与作用。此过程可能使所有部分都向更好的方向改变，从而使系统状态更佳；也可能为了求得系统的全局利益，以降低系统某部分的功能为代价

七、辩证思维

1. 概念

辩证思维指以变化发展视角认识事物的思维方式，通常被认为是与逻辑思维相对立的一种思维方式。在逻辑思维中，事物一般是“非此即彼”“非真即假”，而在辩证思维中，事物可以在同一时间里“亦此亦彼”“亦真亦假”而无碍思维活动的正常进行。

辩证思维是唯物辩证法在思维中的运用，唯物辩证法的范畴、观点、规律完全适用于辩证思维。辩证思维是客观辩证法在思维中的反映，联系、发展的观点也是辩证思维的基本观点。

2. 方法

(1) 联系。就是运用普遍联系的观点来考察思维对象的一种方法，强调从空间上来考察思维对象的横向联系。

(2) 发展。就是运用辩证思维的发展观来考察思维对象的一种方法，强调从时间上来考察思维对象的过去、现在和将来的纵向发展过程。

(3) 全面。就是运用全面的观点去考察思维对象的一种方法，强调从时空整体上全面地考察思维对象的横向联系和纵向发展过程。换言之，就是对思维对象做多方面、多角度、多侧面、多方位的考察的一种方法。

第三节　掌握创新技法

一、头脑风暴法

(一) 头脑风暴法的含义

头脑风暴法是美国创造学之父奥斯本在 20 世纪 30 年代创立的，在《韦氏国际英语词典》中被定义为：一组人员通过开会的方式对某一特定问题出谋献策，群策群力解决问题。按其英文“brainstorming”字头又称为 BS 法，也称为头脑风暴法。

(二) 实施步骤

头脑风暴实施步骤如图 2-2 所示。

举例：我们如何又快又好地完成砸核桃的任务？

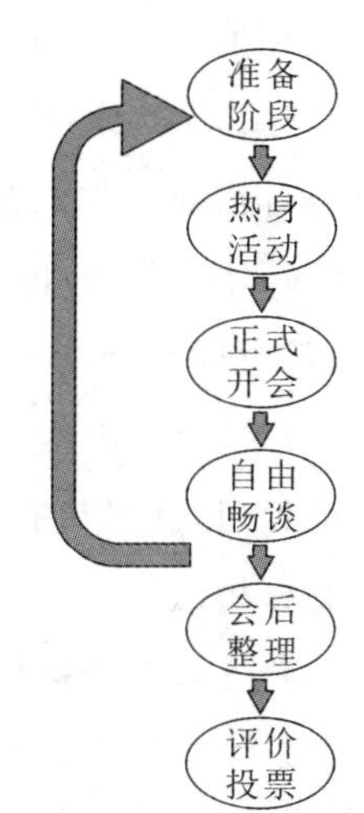

图 2-2　头脑风暴实施步骤

(三) 实施原则

(1) 延迟评判原则，使与会者思想放松，气氛活跃，这是头脑风暴法的关键。

(2) 以量求质原则，这是获得高质量创造性想法的条件。

(3) 自由畅想原则，突出求异创新，这是头脑风暴法的宗旨。

(4) 综合改善原则，强调相互启发、相互补充和相互完善，这是衡量头脑风暴法能否成功的标准。

(5) 限时限人原则。

二、联想类比法

（一）联想类比法的含义

联想类比法是根据事物之间都具有接近、相似或相对的特点，进行由此及彼、由近及远、由表及里的一种思考问题的方法。它通过对两种及以上事物之间存在的关联性与可比性，去扩展人脑中固有的思维，使其由旧见新，由已知推未知，从而获得更多的设想、预见和推测。

（二）联想类比法的类型

1. 类比法

类比法就是通过将一种事物与另一种（类）事物进行对比，从而创新的技法。其特点是以大量联想为基础，以不同事物间的相同点、类比为纽带。

(1) 直接类比：在两事物之间建立直接联系的类比，这种类比可以从已知指向未知，也可从未知指向已知。

(2) 拟人类比：把自己同问题对象进行类比，可想象自身处于问题当中，并且是其中的一个角色。

(3) 因果类比：将已知事物的因果关系同未知事物的因果关系进行比较，从而发现某种类似的问题。

(4) 结构类比：由未知事物与已知事物在结构上的某些相似，来推断未知事物也具有已知事物的某些属性。

(5) 对称类比：世界上很多事物都有对称关系，如果知道了已知事物的某种属性，就可以推断与其对称的事物也具有某种属性。

(6) 综合类比：当已知事物与未知事物内部各要素关系十分复杂，而两者又有相似处时，就可进行全面的综合类比。

2. 移植法

(1) 技术手段移植，如电吹风、被褥风干机之间的类比可采用此法。

(2) 原理移植，如电话、留声机之间的类比可采用此法。

(3) 技术功能移植，如驿站、电报之间的类比可采用此法。

3. 综摄法

综摄法是一种新颖独特、比较完善的创新技法，由美国创造学家威廉·戈登在长期研究和实验基础上提出。它是通过隐喻、类比等心理机制调动人的潜意识功能达到创新的。这种方法的关键是变熟悉为陌生，好像弯下腰从两腿间看世界一切都倒过来了一样。这就要求人们跳出司空见惯的思维的圈子。其中，隐喻指一种表达出来的或暗示的比较，这种比较可以引起有意义的智力启发和感情激动。

（1）步骤。综摄法的实施步骤如图 2-3 所示。

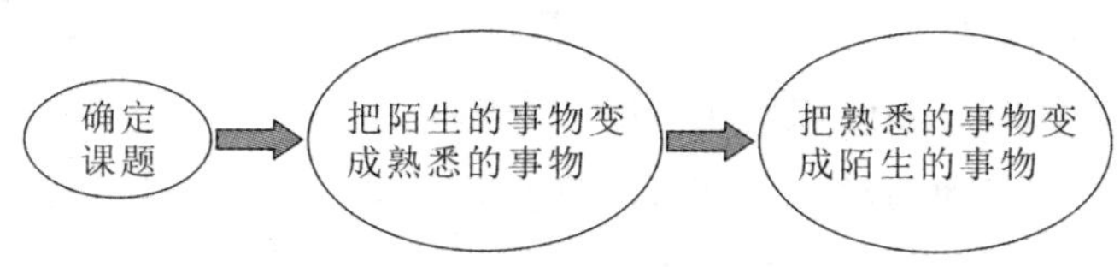

图 2-3 综摄法实施步骤

（2）特性。综摄法的特性为要求思维主体亲身体验，设身处地换个角度想问题，从中求得对事物的新感觉或新认识。它主要以集体讨论方式让具有不同特点的人在一起取长补短、集思广益。例如，设计自动门，采用《阿里巴巴和四十大盗》中“芝麻开门”的创意；法国雷内克医生发明听诊器的故事。

三、列举法

（一）列举法的含义

列举法是一种借助对一个具体事物的特定对象（如特点、优缺点等）从逻辑上进行分析，并将其本质内容全面地罗列出来的手段，再针对列出的项目一一提出改进的方法。

（二）列举法的类型

列举法基本上有以下几种：特性列举法、希望点列举法、优点列举法和缺点列举法。

1. 特性列举法

（1）步骤。特性列举法的实施步骤如图 2-4 所示。

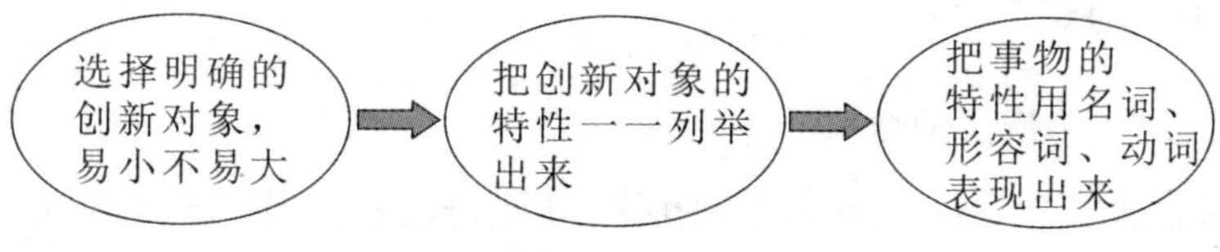

图 2-4 特性列举法实施步骤

其中,事物的各类特性有:名词特性(如整体、部分、材料等);形容词特性(如大小、形状、颜色、性质等);动词特性(如功能、机理、作用等)。

(2) 举例:水壶的改造。

2. 缺点列举法

缺点列举法指通过挖掘设想(或产品)的缺点而进行创新的方法。可通过下面两个例子进行了解。

例1:带吸盘的运动鞋的诞生(缺点列举)。

例2:尽可能多地列举出玻璃杯的缺点。比如:容易碎;比较滑;盛开水后摸上去很烫手;容易沾上脏物;有了小缺口会划破手;容易翻倒;运动时带在身边不方便;倒上热水后很容易凉;成套的玻璃杯花色相同,喝水人稍不注意就分不清自己所用的杯子;有些鼻子较高的人用普通玻璃杯喝水,杯沿会压到鼻子使其不舒服……

3. 希望点列举法

希望点列举法指从人们的希望出发而进行创新的方法。

例如:对风扇的创新改进可以从以下几个方面进行思考。

(1) 如果旋转角度没有限制就好了,那样360°都能吹到风。

(2) 风扇的转叶不伤人,小孩子用也就能放心了。

(3) 风吹的范围更大。

(4) 如果能像电视一样可以用遥控器遥控就更好了。

(5) 最好还能像折扇一样随身携带。

(6) 停电的时候也能用。

如此种种,把大家的意见集中起来,设计出一种新型风扇。

希望点列举法与缺点列举法一样,都是列举得越多越好,甚至空想、幻想也可以。

四、逆向转换法

(一) 逆向转换法的含义

逆向转换法指以反向求索的方式进行创新的思维开发技法。它是针对一般产品,就其原理、视场、需求、结构、功能等从相反方向进行思考探索,将思路从固有的观念中引导出来,从而获得崭新的启迪。

（二）逆向转换法的类型

1. 逆向反转法

逆向反转法的“逆”可以是方向、位置、过程、功能、原理、因果、优缺点、破（旧）立（新）矛盾的两个方面等诸方面的逆转。

（1）原理相反：如制冷与制热、电动机与发电机。

（2）功能相反：如保温瓶（保热）装冰（保冷）。

（3）过程相反：如吹尘与吸尘。

（4）位置相反：如野生动物园的人和动物的位置。

（5）因果相反：原因、结果互相反转即由果到因，如数学运算中从结果倒推回来以检查运算是否正确。

（6）程序相反：先做科学假设，再加以实验验证，如居里夫人发现镭的过程。

（7）观念相反：如大而全到专门化、专门化到大而全；又如以产定销、以销定产。

（8）结构逆向：如练习题，有一块形状如图 2-5 所示的木板，准备把它切成两块做一个十字架，该怎样做？图 2-6 给出了解决方法，你想到了吗？

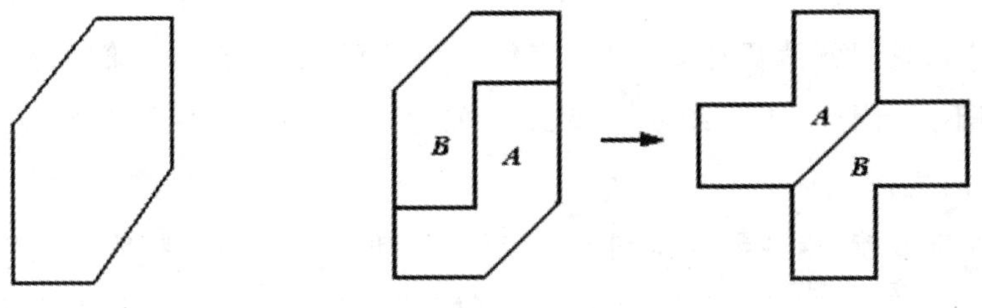

图 2-5　木板　　　　图 2-6　解决方法

2. 重点转移与问题逆转法

（1）重点转移。

俗话说：“有心栽花花不开，无心插柳柳成荫。”在科技创新中常有这样的现象，原定的目标久攻不克，而偶然冒出来的现象却催发重大成果的诞生。

青霉素的发现即属此例：细菌学家弗莱明正在做培育葡萄球菌的实验，偶然发现器皿中的葡萄球菌成片死亡，研究发现是青霉孢子在作怪；于是他将目标转向青霉孢子的杀菌研究，最终发现了青霉素。这一发现使人类的平均寿命延长了 10 年！

类似地，英国化学家帕金致力研究人工合成奎宁药物，奉献给人类的却是合成染料苯胺紫；而成本最低、赚钱最多的可口可乐其实是配错了方子的头痛药水。

（2）问题逆转。

当一个问题难以解决时，可试着将问题转移，变换成与之相关的另一个问题甚至是想法相反的问题，然后集中精力来思考解决。一旦新问题得到解决，原来的老问题也不复存在了。

例如，汽车被盗是各国都存在的社会问题。为此，许多发明家都动了不少脑筋，发明研制了各种防盗的锁具与报警装置，但这些技术很快便会被盗贼们破解。怎么办？一位技术人员突发奇想：既然防不胜防那就不去设防，让小偷去偷，只要车被偷后车主能找到它。于是，从发明防盗装置改为发明寻找车踪的装置。据此思路，一种车踪信号发送装置问世了。将它隐藏于汽车的任一部件中，一旦汽车被盗失踪，车主利用警察局的电脑就能启动该装置，在5千米范围内对其位置了如指掌，一部带有跟踪设备的警车很快就能将车找回来。

3. 破与立创新法

创新在《现代汉语词典》中的解释就是抛开旧的，创造新的。计划经济下工厂生产什么我们就消费什么，以产定销。但是现在，不符合人们消费观念的产品，人们不买；因此，工厂纷纷转变经营理念，以销定产，甚至要想在消费者前面，引导消费。

比如堆沙雕，当沙雕堆积到了一定程度，却在其中的某些地方发现了裂痕，如果只是小的细痕，就应该立刻将其修复；但如果裂痕过大，无法修复，就不应该继续勉强堆积。裂痕是存在的，勉强只是拖延了沙雕倒塌的时间，结果仍然一样，不如在发现裂痕无法修复的那刻果断打碎，吸取先前堆积时的经验，重新堆积。

4. 换元还原法

所谓还原法就是把创新的对象的最主要的功能、要素抽象出来，回到根本，抓住关键的方法。先还原再改变要素是还原换元法，先改变要素再还原是换元还原法。

5. 缺点逆用法

缺点逆用法就是针对某一事物中已经发现的缺点，不是采用改正缺点的做法，而是从反面考虑如何利用这些缺点从而做到“变害为利”的一种创造技法。

缺点逆用法的例子很多,从下面的小故事可见其妙处。

天一法师有三个弟子。大弟子是个懒汉,屁股一旦落座,一时半会别指望他会站起来。二弟子天生好动,最受不了寺院的清静。三弟子讨厌诵经却喜欢听鸟唱歌。天一法师这样安排:让大弟子司晨钟暮鼓,天天坐堂诵经;让二弟子拿着钵到山下化缘;交代三弟子在寺内遍植林木,让百鸟落巢栖息。

五、组合创新法

（一）组合创新法的含义

组合创新法指利用创新思维将已知的若干事物合并成一个新的事物,使其在性能和服务功能等方面发生变化,以产生出新的价值。以产品创新为例,可根据市场需求分析比较,得到有创新性的新技术产物的过程,包括功能组合、材料组合、原理组合等。

（二）组合创新法的类型

组合创新法常用的有主体附加法、异类组合法、同物自组法、重组组合法以及信息交合法等。

各类型组合创新法特点如表 2-5 所示。

表 2-5　组合创新法的分类

类型	特　点
主体附加法	以某事物为主体,再添加另一附属事物,以实现组合创新的技法叫作主体附加法。如在圆珠笔上端设计橡皮头、在电风扇中添加香水盒、在摩托车后面的储物箱上装上电子闪烁装置,都具有美观、方便又实用的特点。 主体附加法创造性较弱,只要稍加动脑和动手就能实现,但附加物选择得当,可产生巨大的效益
异类组合法	将两种或两种以上的不同种类的事物组合,产生新事物的技法称为异类组合法。其将研究对象的各个部分、各个方面和各种要素联系起来加以考虑,从而在整体上把握事物的本质和规律,体现了综合就是创造的原理
同物自组法	同物自组法就是将若干相同的事物进行组合,以图创新的一种创新技法。例如,在两支钢笔的笔杆上分别签字署名后,一起装入一精制考究的笔盒里,称为"情侣笔",作为馈赠新婚朋友的好礼物;把三支造型类似但颜色不同的牙刷包装在一起销售,称为"全家乐"牙刷。 同物自组法的创造目的,是在保持事物原有功能和原有意义的前提下,通过数量的增加来弥补不足或产生新的意义和新的需求,从而产生新的价值

续表

类型	特　　点
重组组合法	任何事物都可以看作是由若干要素构成的整体。各组成要素之间的有序结合，是确保事物整体功能和性能实现的必要条件。如果有目的地改变事物内部结构要素的次序，并按照新的方式进行重新组合，以促使事物的性能发生变化，那么这就是重组组合。 在进行重组组合时，首先要分析研究对象的现有结构特点。其次要列举现有结构的缺点，考虑能否通过重组克服这些缺点。最后要确定选择什么样的重组方式
信息交合法	信息交合法是建立在信息交合论基础上的一种组合创新技法。信息交合论有两个基本原理：其一，不同信息的交合可产生新信息；其二，不同联系的交合可产生新联系。根据这些原理，人们在掌握一定信息的基础上通过交合与联系可获得新的信息，实现新的创造

六、设问创新法

（一）设问创新法的含义

这里所说的设问创新法是指奥斯本设问法，又称“检核表法”或“分项检查法”，以技法的发明者奥斯本命名。它从需要解决的问题或需要创新设计的对象出发，从多方面列出一系列的相关问题，然后逐个地加以分析、讨论，从而确定出最好的创新方案。

奥斯本设问法的核心是设问，即通过设问来进行创新。基本步骤：首先选定一个要改进的产品、方案或问题，然后分析该产品、方案或问题，从不同的角度提出一系列的问题，并由此产生多条思路，接着逐个讨论核对，最后根据提出的思路进行筛选和进一步思考、完善。

（二）奥斯本设问法的九步创新

九步创新如图 2-7 所示，应用时需要注意以下几点：一是要逐条检核，不能遗漏；二是要多次检核，不断创新，三是要边检核边思考，尽可能地发挥出自己的想象力和创造力，这样就会产生更多的创新设想。

检核人员根据情况确定，一般安排 3～8 个人共同检核，他们专攻不同的方面，这样既可以从检核表中产生新的创造设想，还可以相互进行智力激励，产生更多的新设想，提高设想的可行性和实用性。

根据现状，中国研究者许立言、张福奎对奥斯本设问法进行了创新，提出了

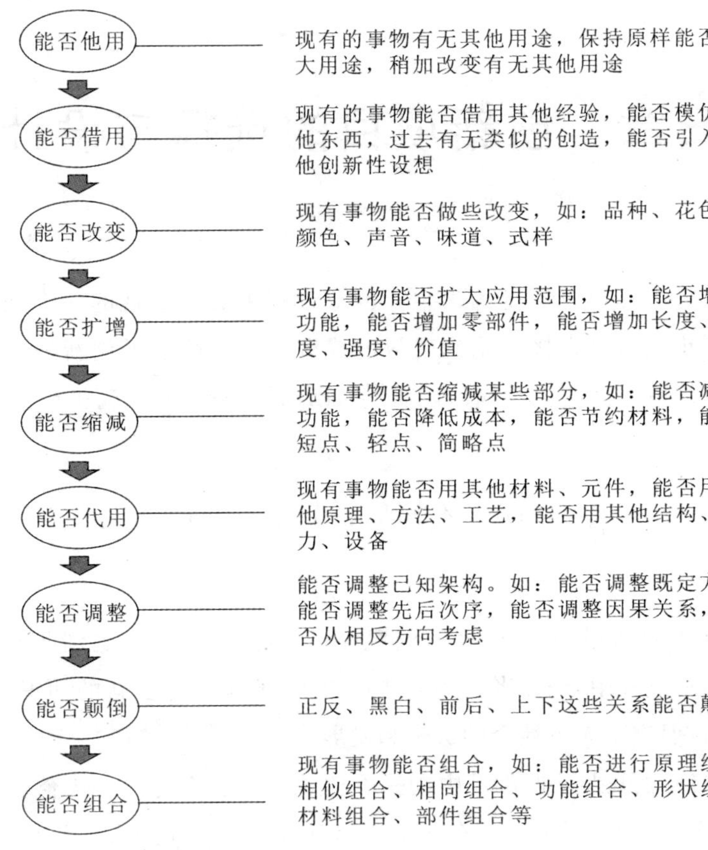

图 2-7　九步创新

和田十二法：在被创新事物原有基础上加一加，减一减，扩一扩，变一变，改一改，缩一缩，联一联，学一学，代一代，搬一搬，反一反，定一定。当然，我们也可根据实际的创新需要，继续提出类似的创新方法，应用于创新之中。

本章小结

本章主要讲述了创新思维与创新方法以及掌握创新技法应该注意的一些问题。首先，介绍了树立创新意识的意义与方法；其次，列举了一些重要的创新思维方法；最后，列举了掌握创新技法的几种显著有效的方法。

第三章　创新项目的选择与设计

创新项目的选择与设计是大学生在创业过程中必须重视的一个问题。创新项目的选择正确与否直接关系到项目的成败。本章简述了创新项目在选择与设计时需要注意的问题以及如何调研、验证设计与选择并如何推广。

第一节　创新项目的选择

创新是创业的开端，而一个好的创意像一颗优质的种子，是创业成功的前提条件。在创新过程中，创业者运用创造性思维，摸索出许多新的知识，开发出许多新的产品，促进了人类社会的进步和发展。

一个好的创意只是创业者手中的一个工具，只是形成一个新企业的一个"火花"，而要实现创业，要把一个有前景的创意进一步转化为市场机会，还需开展进一步工作。因此，首先要强调，市场机会并不等于创意，有一个好的创意并不意味着一定有市场。一般来说，在有了创意之后，创业者仍需进行市场研究，并在此基础上对市场机会进行辨别和筛选，由此获得响应市场需求、可行性高的创新创业项目。

一、创新项目的来源

社会经济的发展和科学技术的进步，会不断激发人们的想象和需求，为创业者不断提供新的创业机会。有句话说得好：没有饱和的市场，只有饱和的思想。创意可以来源于市场，也可以来源于新技术的出现、环境的变化、企业的研究与开发活动。

（一）市场需求

随着社会的发展，市场上会不断产生新的需求；如何满足这些需求，正是创意的最重要的来源。当人们在商场或服务场所听到消费者的抱怨时，可能一个新的创意、一个新的商机就已经出现在人们的眼前。

（二）技术发展

当今世界科技的迅猛发展，造就了许多以高新技术为主导的创业型企业。当新的技术出现时，就可能激发创业者的思维，形成新的创意，构思出新的产品。一项新的技术只有转化为新产品或服务，进入生产和消费领域，并满足社会需求，才能实现其价值，这也正是新技术的转化推广过程。当今遍布全国各地的高科技园区、开发区中的高新技术企业，正是在由科技的发展、新技术的出现而推动的创业过程中创立的。

这类创意一般基于新的技术的出现，如计算机、互联网、无线通信、光触媒等技术由于“史无前例”，也就无法从市场需求方面对其做出很详细的评估和论证。这类创意在形成产品、实现创业的过程中风险很大，而一旦成功，就将具有里程碑式的意义，又会激发更多的创意。这类创意是将新出现的研究成果主动转化为产品，再通过营销手段引发消费者的需求。

（三）现有产品改进

对生产企业来说，产品存在缺陷是很不幸的事；但对于处于竞争地位的创业者来说，这却是绝好的机会。创业者可以通过对市场上竞争者已有的产品和服务进行追踪、分析和评价来发现现有产品存在的缺点，从而有针对性地提出改进的方法，并借此开发出有巨大市场潜力的新产品。

（四）管理和经营创新

创意可以来源于市场需求、新技术的出现和现有产品的缺点，而经营管理思想、方法或运作模式的改变也可形成新的创意。

二、构想阶段的原则

一般来说，构想阶段需遵循如表 3-1 所示的原则。

表 3-1　构想阶段原则

客观评估原则	创新创业者都应该学会客观评估。工程师和技术人员特别易于陷入对产品或服务构思的迷恋，而忽视他们专职工作中必须对设计或方案进行的详细核查。避免这种错误的办法就是对所有的构思都进行严格的研究与调查

续表

市场洞察原则	许多创业者还未认识到形成一套市场营销体系对于新公司发展的重要性,他们在管理上显得毫无远见。他们在推出一款新产品或服务时,也并不考虑生命周期的问题。没有能在一夜之间获利的产品,同样也没有能永远获利的产品。创业者不仅需要了解新产品的生命周期,还必须认识到产品推出时机恰当与否对产品成功的重要性。时机至关重要,过早或过晚都可能导致失败
对技术问题充分认识原则	新产品的产生往往需要新的技术。若未能预先对新产品研究或生产过程中可能遇到的技术难题做足准备,则可能使整个企业就此失败。创业者在创办企业之前,必须对整个项目做彻底而准确的研究。意料之外的技术问题,通常会引起既耗时又耗财的麻烦
财务成本控制原则	新产品开发通常会遇到的麻烦是对整个项目所需资金的预算过度乐观。有些创业者根本不懂成本控制,或为其成本研究的不充分和成本计划的不周密而付出代价。通常的做法是高估开发成本,使成本预算显得有较大的回旋余地,甚至实际需要数目还不及预算数目一半的情形也有可能发生
项目独特性原则	项目应独一无二。所谓独特性,就是要有能够吸引顾客的独特特征和设计理念,使得产品提供的性能或服务高于其竞争产品的。产品本身的差异,可让顾客明白本公司产品与竞争者产品的不同。当消费者注意到了产品的优越性,定价便不再那么难办了。在很大程度上具有独特性的产品,能够获得由差异带来的利益
依据相关法律法规原则	商业必须服从法律法规的要求。具体来说,一是必须保持员工工作场所的安全,二是必须提供安全可靠的产品或服务,三是必须保护产品的专利权、商标权和版权

总之,创新项目必须严格按照上述原则进行选择,它们决定了创新项目的后期工作能否顺利进行。

第二节　项目调研

日常生活中,很多新奇的点子或者想法曾经在人们的视野或者脑海中短暂停留,但是很多时候人们都不会太在意,随后将它们抛到脑后。如果人们能够用心捕捉这些新奇的点子,或许就能初步发掘出属于自己的创新项目。

在拟定了一个具体的项目之后,就必须进行市场调研,调研是决定一个项目能不能顺利开展的重要环节。

一、调研的相关概念

（一）调研的概念

调研是调查研究的简称，指根据各种调查方式收集的信息，全面客观地剖析当前行业发展的总体市场容量、市场规模、竞争格局、进出口情况和市场需求特征，并对该行业未来的发展趋势予以预测，为投资或发展方向的决策做准备。它可以帮助企业了解行业当前最新的发展动向，把握市场机会，做出正确投资决策和明确企业发展方向。

（二）调研的目的

调研的目的是了解市场份额和各产品的市场占有率、销售额、竞争状态和淡旺季。总的来说，调研的目的是获得系统、客观的研究数据，为决策做准备。

（三）调研的特征

与企业其他活动（如采购、广告、销售和推广等）相比，调研具有针对性、普遍性、经常性、科学性、确定性（或不确定性）、时效性等特征。

可口可乐公司调研案例

20 世纪 70 年代中期以前，可口可乐公司是美国饮料市场上的老大，可口可乐占据了全美 80%的市场份额，年销量增长速度高达 10%。然而好景不长，20 世纪 70 年代中后期，百事可乐公司的迅速崛起令可口可乐公司不得不着手应付这个饮料市场“后起之秀”的挑战。1975 年全美饮料市场份额中，可口可乐领先百事可乐 7 个百分点；1984 年，可口可乐领先百事可乐 3 个百分点……市场地位的逐渐势均力敌让可口可乐“胆战心惊”起来。

百事可乐公司的战略意图十分明显，通过大量动感而时尚的广告冲击可口可乐市场。首先，百事可乐公司推出以饮料市场最大的消费群体——年轻人——为目标消费群的“百事新一代”广告系列。该广告系列符合青少年口味，以冒险、青春、理想、激情、紧张等为题材，赢得了青少年的钟爱；同时，百事可乐也使自身拥有了“年轻人的饮料”的品牌形象。随后，百事可乐又推出一款非常大胆而富创意的“口味测试”广告。在被测试者毫不知情的情形下，请他们对两种不带任何标志的可乐口味进行品尝。由于百事可乐口感稍甜、柔和，因此，百事可乐公司此番现场直播的广告带来的结果令百事可乐公司非常满意——80%以上的人回答是百事可乐的口感优于可口可乐的。这个名为“百事挑战”的直播广告令可口可乐一下子无力应付。市场上百事可乐的销量再一次激增。

为了着手应战并且得出为什么可口可乐公司发展不如百事可乐公司的原因,可口可乐公司推出了一项代号为“堪萨斯工程”的市场调研活动。1982 年,可口可乐公司广泛地深入 10 个主要城市中进行访问,打算通过调查来确定口味因素是否是可口可乐市场份额下降的重要原因,同时征询顾客对新口味可乐的意见。于是,在问卷设计中,设计了如“你想试一试新饮料吗”“可口可乐口感变得更柔和一些,您是否满意”等问题。调研结果最后表明,顾客愿意尝试新口味的可口可乐。这一结果更加坚定了可口可乐公司决策者们的想法——秘而不宣,有长达 90 多年历史的可口可乐配方已不再满足今天消费者的需要了。于是,满怀信心的可口可乐公司开始着手开发新口味可乐。

可口可乐公司向世人展示了比老可口可乐口感更柔和、口味更甜、泡沫更少的新可口可乐样品。在新可口可乐推向市场之初,可口可乐公司又不惜血本进行了又一轮的口味测试。超过一半的测试消费者认为新可口可乐比原来的好而且还比百事可乐好。新可口可乐的受欢迎程度一下打消了可口可乐公司决策者们原有的顾虑,于是他们认为新可口可乐推向市场只是时间问题。

1985 年 4 月,可口可乐公司在纽约城的林肯中心举办了盛大的记者招待会,共有一百多家报纸、杂志和电视台的记者出席,依靠媒体的巨大力量,可口可乐公司的这一举措引起了轰动效应,终于使可口可乐公司进入了“变革时代”。

起初,新可口可乐销量不错,有 1.5 亿人试喝了新可乐。然而,新可口可乐配方并不是每个人都能接受的,不接受的原因并非因为口味本身,而是这种“变化”受到了原可口可乐拥护者的排挤。

开始,可口可乐公司已为可能的抵制活动做好了应对准备,但不料顾客的愤怒情绪犹如火山爆发般难以驾驭。顾客之所以愤怒是认为 90 多年秘不示人的可口可乐配方代表了一种传统的美国精神,而热爱传统配方的可口可乐就是美国精神的体现,放弃传统配方的可口可乐意味着一种背叛。一群忠诚于传统可乐的人组成“美国老可口可乐饮者”组织,准备发起全国范围内的“抵制新可口可乐运动”。在洛杉矶,有的顾客威胁说:“如果推出新可口可乐，将再也不买可口可乐。”即使是新可口可乐推广策划经理的父亲，也开始批评起这项活动。

当时，老口味的传统可口可乐则因为人们的预测，而居为奇货，价格竟在不断上涨。每天，可口可乐公司都会收到来自愤怒的消费者的成袋信件和1500多个电话。为数众多的批评，使可口可乐迫于压力不得不开通83部热线电话，雇请大批公关人员来温言安抚愤怒的顾客。

面临如此巨大的批评压力，公司决策者们不得不稍作动摇。在之后又一次推出的顾客意向调查中，30%的人喜欢新口味可口可乐，而60%的人却明确拒绝新口味可口可乐。故此，可口可乐公司恢复了传统配方的可口可乐的生产，同时也保留了新可口可乐的生产线和生产能力。

在不到3个月的时间内，尽管可口可乐公司花费了400万美元，进行了长达2年的调查，最终却失败了！百事可乐公司美国业务部总裁罗杰·恩里科说：“可口可乐公司推出‘新可口可乐’是个灾难性的错误，是80年代的‘爱迪塞尔’。”

由此可见，做好充分的、正确的市场调研多么重要。

二、调研方法

目前调研的方法大致有实地调研、抽样调研、会议调研、访谈调研、文献调研、问卷调研、网络调研和电话调研，如表3-2所示。

表3-2　常用的调研方法

调研方法	概　述	优　缺　点
实地调研	身临其境地去了解现场，掌握第一手资料的调研方法。实地调研法分为直接观察法和环境观察法。直接观察法就是在现场靠自己的眼睛观察市场行为的方法。环境观察法就是以普通人的身份对调查对象的环境因素进行观察以便获取调查资料的方法	优点是简单直接。缺点是不能获得更深层次的调研信息
抽样调研	在调研对象中按一定比例抽取适当数量的样本开展调查研究，再将调研结果按抽取的相关比例进行相应放大的一种调研方法	优点是在较短时间内可获得较为准确的调研信息。缺点是抽样数据不足会影响调研结果

续表

调研方法	概　　述	优　缺　点
会议调研	邀请调研对象以座谈会的形式直接地了解想要获取的信息的一种调研方法	优点是所用时间短，调研工作效率高。缺点是调研对象的心理、性格会直接影响调研信息的准确性
访谈调研	通过走访不同的人群和不同的调研对象来获取调研信息的一种调研方法	优点是调研所获得的信息准确性高，有助于对问题深入了解。缺点是工作量大，耗时长，成本高，不易大规模开展
文献调研	通过查阅相关文献来获得调研信息的调研方法。这种调研方法主要是为了获取调研事物的发展规律或其演变的过程	优点是调研不受时间空间的限制，缺点是这种方法只是一种理论上的探讨，其结论缺少现实依据
问卷调研	将所需要了解的信息通过问卷的形式发放出去，然后统计收回问卷中各问题所占的百分比来获取调研信息的一种调研方法。用于调研的问卷由卷首语、问题、编码及其他部分组成。问卷的答题形式可以分为开放型回答和封闭型回答两种。比如让调研对象发表自己看法、建议之类的属于开放型回答，有固定的回答选项待调研对象去选取的则是封闭型回答。将两种题型相结合的问卷能够更加全面地反映调查的内容	优点是能节省时间和人力，调查结果更加容易量化并更容易进行统计处理和分析，而且能够应用于大规模的调查。缺点是这种调研方法面对设计方面的问题比较困难，因为这样的问题常常需要得知被调查者的目的、动机、思维的过程
网络调研	利用互联网进行调查，既方便又快捷，而且不受时间和地理位置的限制。尤其在目前互联网用户数量巨大、全民上网的时代下，网络调研将获得更广泛的信息，对项目的实现有着不可忽视的作用	优点是组织简单、执行便利、辐射范围广、网上访问速度快、信息反馈及时。缺点是只能进行定量调查，定性调查无法进行；存在不准确性，针对性不强
电话调研	通过电话进行有条理的、系统的调研	优点是可以直接和调研对象进行沟通。缺点是有很大的局限性

只有灵活地将各种调研方法结合起来加以运用才能保证获得最准确、最接近市场需求的调研数据。

三、调研步骤

调研步骤如图 3-1 所示。

确定调研的目的	调研的目的就是通过各种方法收集自己所需要的信息，然后加以整理和分析并得出结论
信息来源	信息分第一手信息和第二手信息。第一手信息是自己直接收集和整理的，第二手信息则是借用他人的经验或者成果。合理利用各种信息能达到事半功倍的效果
收集信息	在市场调研时，收集信息必不可少。收集的方法很多，根据所需要的信息的性质选择合适的方法
分析信息	将收集到的信息加以统计、编辑、加工、整理等，使杂乱无章的信息变得精简、明了，最后再用文字、图表和公式将信息中各种潜在的关系以及变化趋势表达出来
调研报告	经过上述分析信息之后，总结出客观的调查结果。通常以调研报告的形式将结果呈现给决策者

图 3-1 调研步骤

第三节 创新项目的具体设计

在创新项目经过调研、优化以及最终确定之后，通常需要经过设计和实物制作两步，才能把想法一步步转化为实体。

一、想法形象化

（一）设计制图的目的

将想法形象化的途径就是设计制图，设计制图是创新设计中的交流语言与指导创新项目完成的依据。设计师必须要清晰、准确地用设计制图表达自己的设计构思，设计制图应当包括外形尺寸图、零件图和组合图等，并能让制作人员按照国家标准进行实物制造。

（二）制图的表现形式

1. 速写

速写，顾名思义是一种快速的写生方法。速写同素描一样，不但是造型艺术的基础，也是一种独立的艺术形式。这种独立形式的确立，是在欧洲 18 世纪以后的事情，在这以前，速写只是画家创作的准备手段和记录手段。

图 3-2　速写

速写最明显的特点就是快。当你脑海中有一个想法的时候，就可以把对象大体的轮廓勾勒出来，之后再进行细节部分的描绘。

速写的第一步就是描线，它最能体现速写的特征。当大的轮廓和比例确定好之后，就可以对产品大致的结构、明暗关系进行分析，最后用色彩来完成设计草图的绘制，如图 3-2 所示。

2. 计算机软件设计

(1) 二维设计。二维设计也称作平面设计，是以长和宽二维空间为载体的设计活动(见图 3-3)。它是设计师根据需要，用软件在平面空间以各种不同的形态、色彩和肌理的图形进行装饰、设计或创新的艺术形态。由于二维设计能通过选择最合理的视图，用最短的时间来准确表达信息，因此它具有简单、准确、高效等特点。二维设计一直受到人们的广泛青睐。

(2) 三维设计。三维设计是新一代数字化、虚拟化、智能化设计平台的基础。它是建立在平面和二维设计的基础上，让设计目标更立体化、更形象化的一种新兴设计方法，如图 3-4 所示。三维设计能将设计过程变得更加简单和容易模拟，表达方式更加直观。

图 3-3 二维形式表现的耳机

图 3-4 三维形式表现的耳机

（三）常用制图工具

在设计制图的时候，熟练使用各种制图软件能大大加快设计的进程。常用的二维软件包括 CorelDRAW、Illustator 等。这些软件可以用来模拟产品的明暗、色彩、阴影、透视等变化。通过二维设计的表达向三维设计过渡。常用的三维软件有 Rhino、3D、3DSMax、Pro/E、Catia 等。这些软件都能通过建模、赋材质、渲染等步骤在模拟空间内表现物体真实形态的效果，如图 3-5 所示。

图 3-5 3DSMax 设计图

二、图纸实体化

（一）模型的制作

检验设计师设计产品是否成功的标准就是是否可以根据其设计制作一个仿真模型。即使设计制图的过程再完美，都只能算是平面上的表达。而很多在二维或者三维制图中发现不了的问题都可以通过制作模型反映出来。模型就是工程师根据设计图纸按一定比例制作的与实物相似的物体。

1. 制作模型的表现形式

制作模型的表现形式如图 3-6 所示。

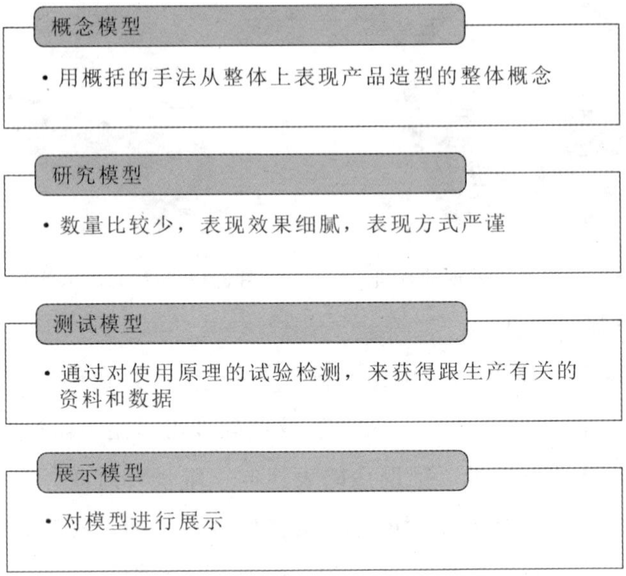

概念模型

· 用概括的手法从整体上表现产品造型的整体概念

研究模型

· 数量比较少，表现效果细腻，表现方式严谨

测试模型

· 通过对使用原理的试验检测，来获得跟生产有关的资料和数据

展示模型

· 对模型进行展示

图 3-6　制作模型的表现形式

2. 制作模型的材料

首先需要根据模型的实际功能来选择不同的制作材料；然后再按产品的造型特点来选取制作材料。常用于制作模型的材料有泥、石膏、木材、塑料、金属、纸等。

3. 制作模型的作用

制作模型的作用如图 3-7 所示。

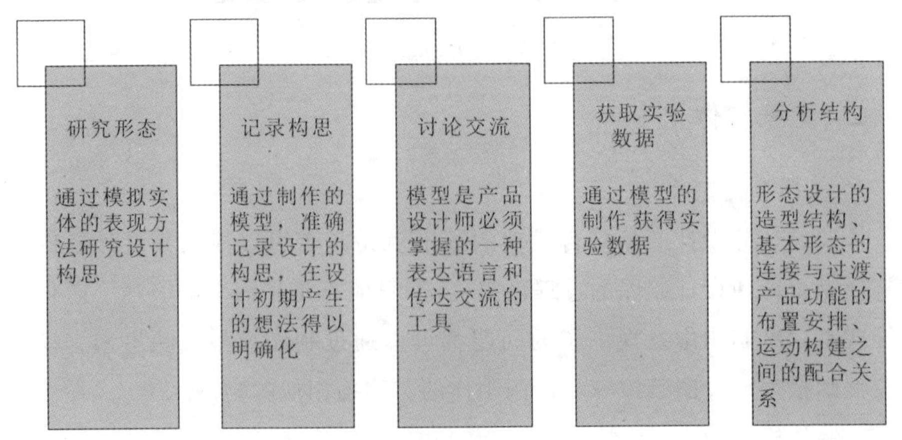

图 3-7　制作模型的作用

（二）产品生产

1.从模型到产品

当制作出来的模型检验合格后，就可以成功定型设计图纸（见图 3-8 和图 3-9）了。将最后定型的设计图纸交给产品设计开发部门进行生产，产品的制作就完成了。

图 3-8　定型设计图纸（一）

图 3-9　定型设计图纸（二）

2.产品生产步骤

产品生产步骤如图 3-10 所示。

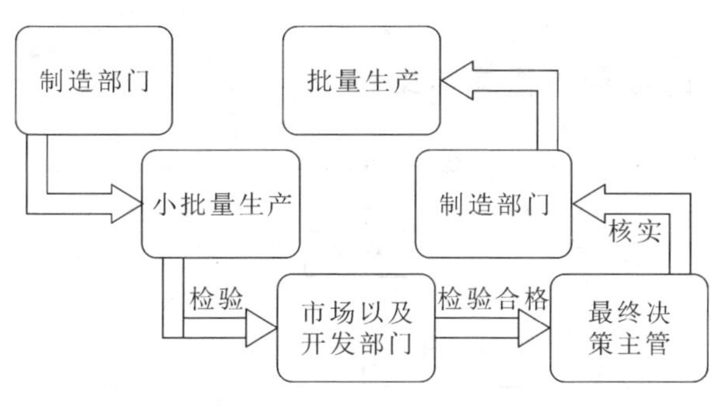

图 3-10　产品生产步骤

第四节　编制创新项目报告

一、编制创新项目报告

在实物制作完成后，项目就已经完成大部分工作了，还需要做的就是编写创新项目报告。创新项目报告是对整个项目实施过程的总结,以文字的形式将之前的整个过程浓缩到这份报告中,向人们展示这个项目的创新点、设计思维以及内容,充分发挥整个创新项目的价值。

(一) 创新项目报告的内容

合格的创新项目报告应当包含项目的由来、目的、意义、设计原理、设计的方法、实施步骤,以及所用的时间、设计过程、设计结果、产品介绍等一系列内容。

(二) 编制项目报告的特点

创新项目报告的编制跟科研报告的编制有所不同。一般来说,科研报告的编制注重过程性,而创新项目报告的编制则更倾向于特殊性和创造性。

特殊性表现在附图比文字更加直观。一般的报告大多以文字为主,而且逻辑严谨,而创新项目报告的内容则更多体现在自己的创新点和设计上,然后以制图来表现,由此可见其特殊性。创造性表现在内容的表达上,由于创新项目大多是以新产品为核心,因此在内容的表述上要以体现创造性为主,以科学性、合理性为辅。

二、创新项目报告的格式与结构

创新项目报告的格式要求如图 3-11 所示。

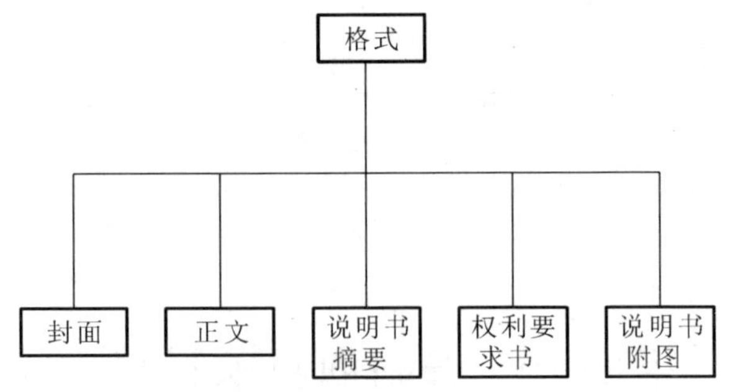

图 3-11　创新项目报告的格式要求

创新项目报告的正文结构如图 3-12 所示。

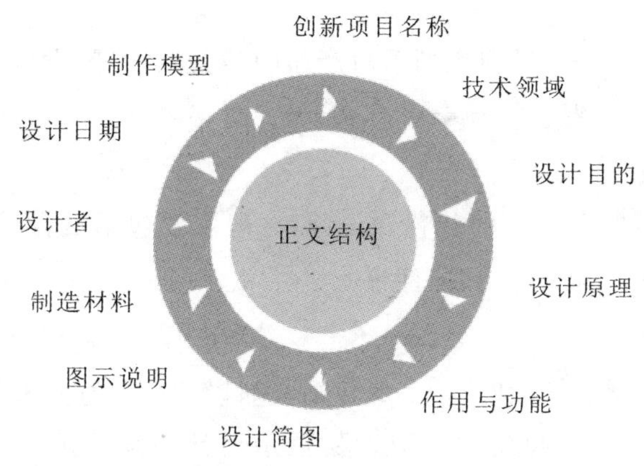

图 3-12　创新项目报告的正文结构

第五节　项目展示与市场推广

当创新项目产品被工厂生产出来后，首先要接受广大消费者的检验，最好的检验方式就是对项目产品进行展示。当产品展示在大众面前时，就能检验项目产品是否得到了社会的认可。一个好的项目产品如果没有一个高质量的展示效果，其市场反响必然不会太过理想。

一、设计展示场景

(一) 展示设计的组成要素

展示设计的目的是通过设计，运用空间规划、平面布置、灯光控制、色彩配置以及各种组织策划，有计划、有目的、符合逻辑地将项目产品的内容展现给观众，并力求使观众接受设计者想要传达的信息。因此若想使展示有很好的预期效果，就必须了解展示设计的构成要素。其基本要素大致有四个，分别为展品、展示场所、展示设备和展示受众。

1. 展品

展品就是项目产品，是整个展会的核心内容。在布置展会的时候，根据整个展会的主题与内容进行展品的陈列，而展会的设计和展会的灯光设计都是为了烘托展品这一主角。

2. 展示场所

展示场所指在一个针对创新项目产品的展会上，专门设置的一个区域和展位，用以展示项目产品。

3. 展示设备

展示设备指展会必要的装置和设施，一般主要包括展台、展柜、展板、展墙和一些辅助展具，比如灯光和配件等。

4. 展示受众

受众指前来观看展会的人，主要包括普通民众、对展品有兴趣的专业人员、商务人员。为了达到很好的展示效果，展示设计必须让观众有良好的观摩视角，行走路线，以及方便舒适的交互操作。

（二）布置技巧

展示是一种媒介，使人通过视觉、听觉、嗅觉、触觉等感觉，建立人与展品的关系，使人对展品有第一印象，最终起到给大众提供感官空间，展示商品及其功能，促进消费及引领生活方式的作用。因此展会的布置应该使用相应的技巧。

1. 合理的空间划分

空间的划分主要指将空间分为三个区域：第一个区域是信息发布区，也就是公共活动区；第二个区域是展品陈列区，这个区域是整个展会的核心区域，因此要有序地安排空间；第三个区域是辅助功能区，这个区域主要用来摆放一些供观众休息的桌椅。整个展会的区域划分要注意安全、防灾处理，避免出现安全事故。

2. 空间设计技巧

对展示设备的色彩和材质的合理选择直接决定展品的气质。另外，如果运用一些艺术手法对展示场所进行设计和点缀，能达到画龙点睛的效果。在展会的角落比如消防栓、配电箱处设置合适的花瓶或者摆件，不仅能遮丑，还能使展会显得更有生机。

3. 灯光布置

在展会的设计中，灯光可以说是必不可少的了。灯光效果的优劣直接影响展会的人气与项目产品的形象。不同的区域需要用不同的灯光加以区分，因此灯光的亮度、颜色、方式、位置都要从整体空间效果去考虑，达到空间统一协调。如今灯光已然成为展示效果的催化剂。它不仅能够调整不够完美的空间，使原本单调的空间瞬间焕然一新，而且能让人们感受到舒适和安全。

二、市场推广

创新产品的发展，始于产品的推广。展示设计则属于线下推广的一种形式，项目产品经过展示设计后，已经实现了一定程度的推广。但是在市场推广方面仅仅运用展示设计还是不够的，想要达到更好的推广效果，还必须灵活采用其他的市场推广方式。

（一）线下推广

线下推广主要指媒体推广，媒体包括报纸、杂志、新闻发布会等。这是目前最有效的宣传方式。如在新闻发布会上找明星代言，能增强产品的可信度。利用好媒体这一特殊的工具，宣传效果不可估量。

人力推广也是线下推广的一种形式。如发传单宣传、免费赠送小物件等，这是最直接的推广方式。或者在地铁、公交等人流量大的交通工具上投放广告。另外，在学校开学期间进行人力推广宣传非常重要，如新生报到时用海报进行宣传可吸引更多的关注目光。

（二）线上推广

1. 网络推广

网络推广是当今非常流行的一种推广方式，比如通过QQ、微博、微信、门户网站等进行推广都属于线上推广。当今非常常见的微商就是典型的网络推广。

2. 电视推广

电视推广一般多见于电视上的购物频道。通过在电视上打广告的方式增强消费者了解和购买的欲望。在粉丝经济盛行的今天，以明星的粉丝效应带动代言产品的宣传也是一种不错的选择。

本章小结

本章主要讲述了创新项目选择与设计的一般流程以及在选择和设计过程中应该注意的一些问题。首先，介绍了创新项目的选择原理；其次，介绍了调研的基本方法；然后，提出了创新项目的设计思路；最后，阐述了创新项目报告的编制和市场推广的方法。

第四章　创新成果的保护

第一节　知识产权

一、什么是知识产权

大学生在进行创新项目的创业中，肯定会了解到知识产权这个名词，而且知道知识产权很重要，那么什么是知识产权呢？知识产权又有哪些内容呢？有什么特点呢？

（一）知识产权的概念

知识产权包括下列客体的权利：文学艺术和科学作品，艺术家的表演、唱片和广播节目，人类一切领域的发明、科学发现、工业品外观设计、商标、服务标记以及商品名称和标志，制止不正当竞争，以及在工业、科学、文学和艺术领域内由于智力活动而产生的成果。

狭义概念上的知识产权只包括著作权、专利权、商标权、名称权、制止不正当竞争的权利，而不包括科学发现权、发明权和其他科学成果权。

概括地说，知识产权是智力成果的创造人依法所享有的权利和生产经营活动中的标记所有人依法所享有的权利的总称。

知识产权从本质上说是一种无形财产权，它的客体是智力成果或者知识产品，是一种无形财产或者一种没有形体的精神财富，是智力劳动所创造的劳动成果。它与房屋、汽车等有形财产一样，都受到国家法律的保护，都具有价值和使用价值。有些重大专利、驰名商标或作品的价值远远高于房屋、汽车等有形财产的价值。

（二）知识产权的内容和特点

1. 知识产权的内容

（1）人身权利：权利同取得智力成果的人的人身不可分离，是人身关系在法律上的反映。例如，作者在其作品上署名的权利，或对其作品的发表权、修改权等，即为人身权利。

(2) 财产权利：智力成果被法律承认后，权利人可以利用这些智力成果取得报酬或者得到奖励的权利。

2. 知识产权的特点

知识产权的特点如表 4-1 所示。

表 4-1　知识产权的特点

专有性	知识产权为权利主体所专有。权利人以外的任何人，未经权利人的同意或者没有法律的特别规定，都不能享有或者使用这种权利
地域性	某一国法律所确定和保护的知识产权，只在该国内具有法律效力
时效性	法律对知识产权的保护规定了一定的保护期限，知识产权在法定的期限内有效
无体性	有体是指有实体的存在，人们可用五官触觉去认识，如土地、房屋等。无体是指无实体，是一种知识产品
双重性	既有某种人身权(如署名权)的性质，又包含财产权的内容。但商标权是一个例外，它只保护财产权，不保护人身权

二、保护知识产权

知识产权保护工作得到了上至党中央、国务院，下至各省市党委、政府的高度重视。但是目前知识产权保护的效果怎样？知识产权保护的作用和意义何在？我们又应该如何正确保护知识产权呢？

(一) 知识产权保护的现状

总的来讲，我国的知识产权研究开始得比较晚，还处于发展阶段，因而无论是在法律上还是社会上，知识产权的保护方面显得有些薄弱。所以，对知识产权的保护，重点应该从抓好公民的知识产权保护意识建设开始，只有提高全民的知识产权保护意识，相关法律实施起来才能更顺利。

(二) 知识产权保护的作用

(1) 为智力成果权利人的权益提供了法律保障，调动了人们从事科学技术研究和文学艺术作品创作的积极性和创造性。

(2) 为智力成果的推广应用和传播提供了法律机制，对智力成果转化为生产力，运用到生产建设中去具有重要作用，产生了巨大的经济效益和社会效益。

(3) 为国际经济技术贸易和文化艺术的交流提供了法律准则，促进了人类文明进步和经济发展。

(4) 知识产权法律制度作为现代民商法的重要组成部分，对完善中国法律体系，建设法治国家具有重要意义。

(三) 知识产权保护的意义

1.促进人类社会发展

人类的进步和福祉取决于其在技术与文化领域取得新的创造成果的能力，而知识产权制度和保护创新的宗旨对于人类发明创造活动的继续进行具有极其关键的作用。

2.促进创新

知识产权制度其实就是通过在一定的时间、一定的地域内对给予发明创造者给予其智力劳动成果的专有权，使发明创造者获得利益回报，从而激发发明创造者的积极性。大家想一想，如果你费尽心血发明创造的成果得不到法律保护，别人可以无偿地仿制或使用，那么你还会积极参与下一个发明创造吗?

3.商业价值

知识产权的价值，主要体现在它可能带来巨大的收益。换句话说，一旦你拥有的某项知识产权，如专利权、商标权、著作权或者技术秘密等得到应用，那么就会产生经济效益，这就是知识产权带来的财富。知识产权的应用可以由权利人自己行使，也可以由权利人收取转让费或许可费，许可或者转让给他人行使。

保护知识产权是完善市场经济制度的重要内容。企业参与市场竞争，一靠形成良好品牌，二靠研发优质产品。特别在知识经济时代，一个企业只有拥有自主知识产权和品牌，才能拥有竞争优势。如果盗版、假冒等侵权行为泛滥，企业就不会讲信誉、重质量，消费者的利益就会受到损害，就会出现消费者不敢买、不再买的现象。没有知识产权保护的市场，终将被生产者和消费者抛弃，是没有发展出路的。

保护知识产权是提高对外开放水平的客观需要。随着经济全球化进程的不断加快，对知识资源的创造、占有和运用，已成为提高综合国力的关键因素。保护知识产权是世贸组织规则的重要内容。中国成为世贸组织成员以来，世界各国尤其是西方发达国家高度关注中国知识产权保护的立法、执法和司法状况。从某种程度上说，能否有效地保护知识产权，已成为评价中国投资环境的重要指标。只有有效地保护国内外产权人的知识产权，才能更好地“引进来”与“走出去”，从而保障互利共赢开放战略的有效实施。

第二节　专利的概念和申请

一、专利的相关概念

（一）专利的含义

专利是受法律规范保护的发明创造，它是指一项发明创造向国家审批机关提出专利申请，经依法审查合格后向专利申请人授予的在规定的时间内对该项发明创造享有的专有权，而这里的专有权就是专利权。它是由政府授予的，在一定的期限内，发明创造者在本国或本地区范围内对其发明创造所拥有的排他性权利。

（二）专利制度

1. 什么是专利制度

国际上通行的一种利用法律的和经济的手段确认发明人对其发明享有专有权，以保护和促进技术发明的制度。

2. 专利制度的特征

（1）法律保护。专利制度是以专利法为核心形成的一种专利管理、专利工作和专利实施制度。专利制度的标志就在于它是一种法律制度。

（2）科学审查。国家专利主管机关依法对申请专利的发明创造进行的专利条件的审查。

（3）技术公开。发明创造通过专利申请的公布或专利的颁布将技术内容向社会公开、传播。

（4）国际交流。专利制度成了进行国际技术交流的共同语言，它对于推动国际技术交流起着重要的作用。

二、专利权的主体和客体

（一）专利权的主体

专利权的主体即专利权人，是依法享有权利、承担相应义务的人。专利权的主体包括发明人或设计人、发明人或设计人的单位、受让人、外国人四类。以下介绍前三种。

1. 发明人或设计人

《中华人民共和国专利法实施细则(2010修订)》第十三条规定：专利法所称发明人或者设计人，是指对发明创造的实质性特点作出创造性贡献的人。在完成发明创造过程中，只负责组织工作的人、为物质技术条件的利用提供方便的人或者从事其他辅助工作的人，不是发明人或者设计人。

发明人或设计人享有的权利主要是财产权和人身权。财产权就是在非职务发明的情况下，享有申请专利的权利；在职务发明的情况下，有获得奖励和报酬的权利。根据《中华人民共和国专利法》(简称《专利法》)第十七条的规定，人身权是有在专利文件中写明自己是发明人或者设计人的权利——署名权。

2. 发明人或设计人的单位

(1) 职务发明创造的概念。执行本单位的任务或者主要是利用本单位的物质技术条件完成的发明创造为职务发明创造。

(2) 职务发明创造的单位。国家机关、事业单位、各种所有制类型和性质的内资企业，以及中国境内的中外合资经营企业、中外合作企业和外商独资企业。

3. 受让人

受让人是指通过合同或继承而依法取得该专利权的单位或个人。根据《专利法》第十条的规定，原始主体可以对专利申请权和专利权进行转让。

（二）专利权的客体

专利权的客体是指受到专利法保护的发明创造。《专利法》第二条所称的发明创造是指发明专利、实用新型专利和外观设计专利。

1. 发明专利

(1) 发明的概念。发明是指对产品、方法或者其改进所提出的新的技术方案，主要体现新颖性、创造性和实用性。取得专利的发明又分为产品发明(如机器、仪器设备、用具等)和方法发明两大类。

(2) 产品发明的种类如图 4-1 所示。

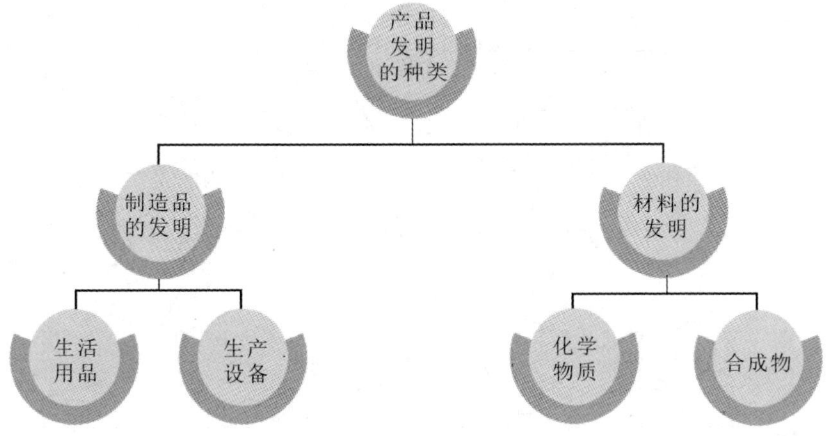

图 4-1　产品发明的种类

2. 实用新型专利

(1) 实用新型的概念。实用新型是指对产品的形状、构造或者两者结合所提出的适于实用的新的技术方案。

(2) 实用新型和发明的主要不同点如图 4-2 所示。

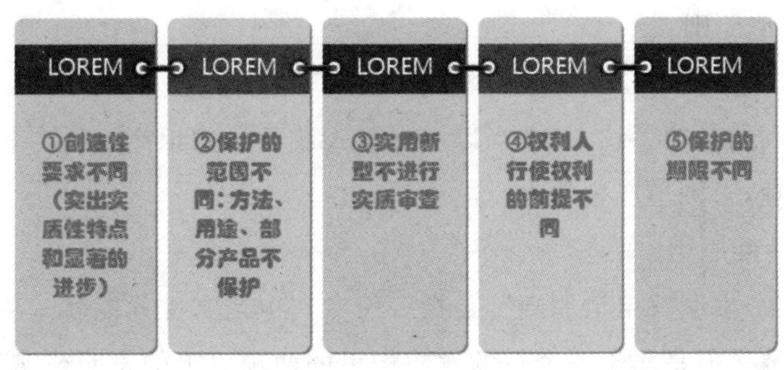

图 4-2　实用新型和发明的主要不同点

3. 外观设计专利

(1) 外观设计的概念。外观设计注重的是设计人对一项产品的外观所做出的富于艺术性、具有美感的创造，且这种创造在工业应用上兼具实用性。

(2) 外观设计保护的特点如图 4-3 所示。

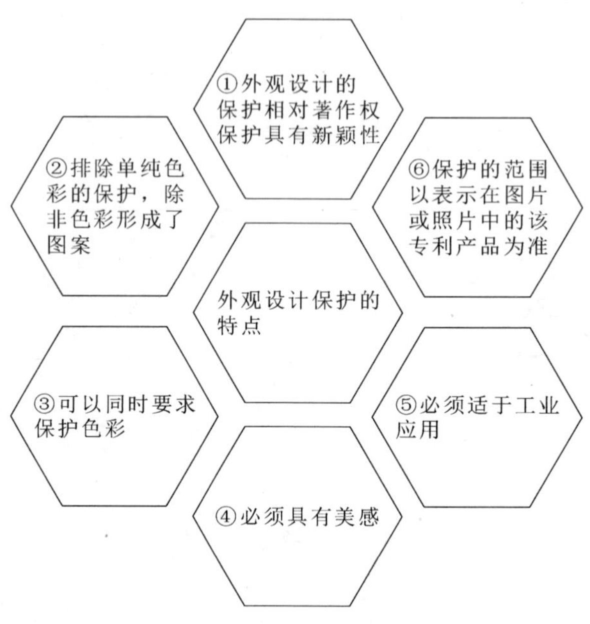

图 4-3　外观设计保护的特点

三、专利申请

（一）申请原则

（1）形式法定原则。

申请专利的各项手续，都应当以书面形式或国家知识产权局专利局规定的其他形式办理，否则不产生效力。

（2）单一性原则。

也称为“一发明一申请原则”，是指一份专利申请文件只能就一项发明创造提出专利申请。但是属于一个总的发明构思的两项以上的发明或实用新型，可以作为一件申请提出；用于同一类别并且成套出售或者使用的产品的两项以上的外观设计，可以作为一件申请提出。同样的发明创造只能授予一项专利权。但是，同一申请人同日对同样的发明创造既申请实用新型专利又申请发明专利，先获得的实用新型专利权尚未终止，且申请人声明放弃该实用新型专利权的，可以授予发明专利权。

（3）先申请原则。

两个或两个以上的申请人分别就同样的发明创造申请专利的，专利权授予最先申请的人。

(4) 优先权原则。

专利申请人就其发明创造自第一次提出专利申请后，在法定期限内，又就相同主题的发明创造提出专利申请的，以其第一次申请的日期为其申请日，这种权利称为优先权，此处所谓的法定期限，就是优先权期限。

(二) 专利申请日

确定专利申请日有以下几种方式：

(1) 面交的，以专利局收到的申请文件之日为申请日。

(2) 邮寄的，以寄出的邮戳日为申请日。

(3) 邮戳不清楚的，除申请日提交证明的外，以专利局收到日为准。

(4) 电子申请的，以到达日为准。

(三) 专利申请需要提交的文件

申请人应先向国家知识产权局专利局(简称专利局)递交以下规范性申请文件。

(1) 申请文件包括：请求书、摘要附图、权利要求书、说明书摘要、说明书及附图。

(2) 外观设计文件包括：请求书、外观设计图片或照片、外观设计说明。

(四) 专利申请的基本流程

(1) 专利申请。

(2) 国家知识产权局专利局不予受理(不合格)或受理。

(3) 受理后申请人缴纳申请费。

(4) 专利局进行专利分类。

第三节　如何维护专利权

一、专利侵权

专利权受法律保护，那么什么样的行为属于专利侵权行为呢？在学习和生活中，我们一定要增强自己的法律意识，不要由于无知而侵犯了别人的权利。

同时当自身的专利权受到侵犯时,要学会用法律的手段维护自己的权利。

（一）专利侵权行为的分类

1. 直接侵权行为

直接侵权行为主要是指未经专利权人许可,以生产经营为目的,制造、使用、销售、许诺销售、进口发明专利、实用新型专利产品或利用专利方法获得的专利产品,以及制造、销售、许诺销售、进口外观设计专利产品。

直接侵权行为主要有五种,如图 4-4 所示。

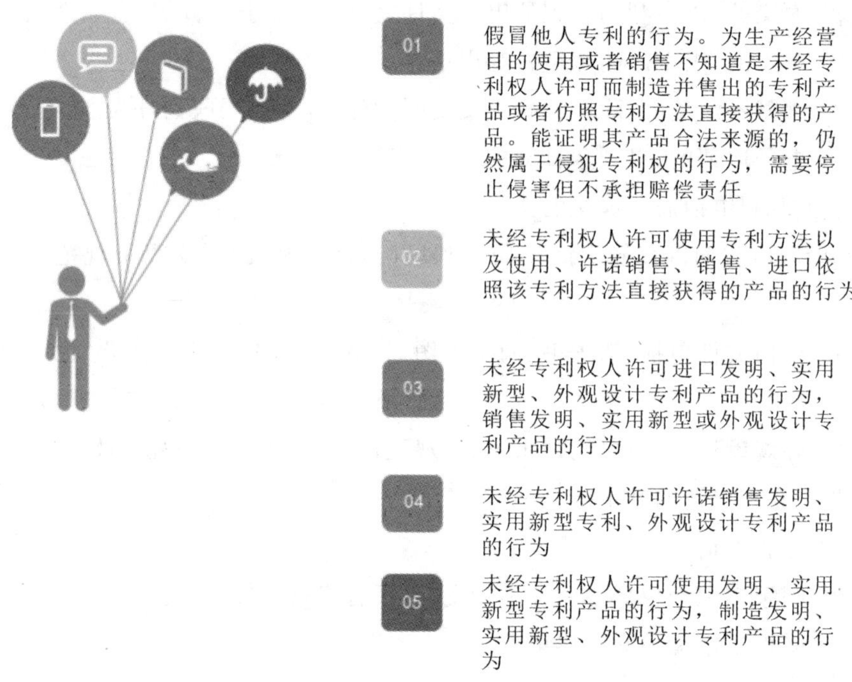

图 4-4 直接侵权行为

2. 间接侵权行为

间接侵权行为是指行为人本身的行为并不直接构成对专利权的侵害,但实施了诱导、怂恿、教唆、帮助他人侵害专利权的行为。例如,行为人知道有关产品系只能用于实施特定发明或者实用新型专利的原材料、中间产品、零部件、设备等,仍然将其提供给第三人以实施侵犯专利权的行为,权利人主张该行为人和第三人承担连带民事责任的,人民法院应当支持;该第三人的实施不是为生产经营目的,权利人主张该行为人承担民事责任的,人民法院应当支持。

间接侵权行为要承担的责任如下。

(1) 未经专利权人授权或者委托,擅自转让其专利技术的行为。此时受让人若利用该项专利技术制造了专利产品,那么受让人和转让人构成共同侵权,要承担连带责任。

(2) 其他诱导、怂恿、教唆、帮助他人侵权的行为,行为人与侵权人构成共同侵权,承担连带责任。

(二) 专利侵权行为构成要件

(1) 必须有被侵权的有效的专利权。

(2) 未经专利权人许可。

(3) 以生产经营为目的。

(4) 有法定的侵权行为。

(三) 不视为侵犯专利权的行为

(1) 专利权人制造、进口或者经专利权人许可而制造、进口的专利产品或者依照专利方法直接获得的产品售出后,使用、许诺销售或者销售该产品的行为。

(2) 在专利申请日前已经制造相同产品、使用相同方法或者已经做好制造、使用的必要准备,并且仅在原有范围内继续制造、使用的行为。

(3) 临时通过中国领陆、领水、领空的外国运输工具,依照其所属国和中国签订的协议或者共同参加的国际条约,或者依照互惠原则,为运输工具自身需要而在其装置和设备中使用有关专利的行为。

(4) 专为科学研究和实验而使用有关专利的行为。

(四) 侵权行为的民事责任和刑事责任

1. 停止侵权

停止侵权,是指专利侵权行为人应当根据管理专利工作的部门的处理决定或者人民法院的裁判,立即停止正在实施的专利侵权行为。

2. 赔偿损失

侵犯专利权的赔偿数额,按照专利权人因被侵权所受到的损失或者侵权人获得的利益确定;被侵权人所受到的损失或侵权人获得的利益难以确定的,可以参照该专利许可使用费的倍数合理确定。

3. 消除影响

当侵权行为人实施侵权行为给专利产品在市场上的商誉造成损害时,侵权行为人就应当采用适当的方式承担消除影响的法律责任，承认自己的侵权行为，以达到消除对专利产品造成的不良影响。

依照专利法和刑法的规定，假冒他人专利，情节严重的，应对直接责任人员追究刑事责任。

二、专利保护

当我们拥有了自己的专利后，我们就应该清楚专利保护的内容，专利侵权的诉讼时效，发生专利侵权后采取的处理方式。

（一）保护范围

发明或者实用新型专利权的保护范围以其权利要求的内容为准，说明书及附图可以用于解释其权利要求。其含义是专利权的保护范围应当以权利要求书中明确记载的必要技术特征所确定的范围为准，也包括与该必要技术特征相等同的特征所确定的范围。等同特征是指与所记载的技术特征以基本相同的手段，实现基本相同的功能，达到基本相同的效果，并且本领域的普通技术人员无须经过创造性劳动就能够联想到的特征。

外观设计专利权的保护范围以表示在图片或者照片中的该外观设计专利产品为准。

（1）表示在图片或者照片中的外观设计。

（2）专利授权时指定的外观设计使用产品的范围。确定外观设计是否相同或近似，应当以同类产品为基础。

（二）专利权保护范围的法律模式

近代世界各国专利制度的专利权保护范围的界定模式可以分为三种类型，如图 4-5 所示。

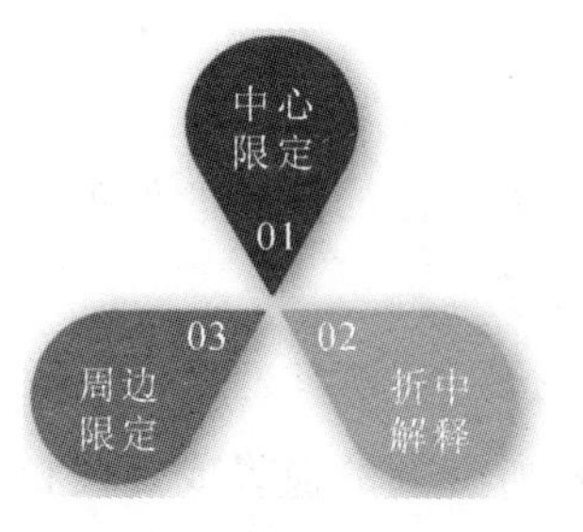

图 4-5　专利权保护范围的界定模式

（三）专利侵权的法律保护

1. 专利侵权的诉讼时效

根据专利法的规定，侵犯专利权的诉讼时效为两年，自专利权人或者利害关系人得知或者应当得知侵权行为之日起计算。发明专利申请公布后至专利权授予前使用该发明未支付适当使用费的，专利权人要求支付使用费的诉讼时效为两年，自专利权人得知或者应当得知他人使用其发明之日起计算，但是，专利权人于专利权授予之日前即已得知或者应当得知的，自专利权授予之日起计算。

2. 专利侵权纠纷的处理方式

对专利侵权行为引起的纠纷的处理的方式有以下四种。

(1) 协商解决。

(2) 向人民法院起诉。

(3) 行政处理。进行处理的机关为管理专利工作的部门。

(4) 行政调解。进行调解的机关，应是对专利侵权纠纷作出行政处理的同一个管理专利工作的部门。

3. 专利侵权的法律后果

根据专利法及专利法实施细则的规定，侵犯专利权的行为人应当承担的法律后果包括行政责任、民事责任、刑事责任等。

4. 技术抗辩

在专利侵权纠纷中，被控侵权人有证据证明其实施的技术或者设计属于现有技术或者现有设计的，不构成侵犯专利权。被诉侵权人以已经公开的专利抵触申请主张不侵权抗辩的，人民法院可以参照适用前述规定抗辩。

5. 请求确认不侵犯专利权之诉

权利人向他人发出侵犯专利权的警告，被警告人或者利害关系人经书面催告权利人行使诉权，权利人自收到该书面催告之日起一个月内，既不撤回警告，也不提起诉讼，被警告人或者利害关系人向人民法院提起请求确认其行为不侵犯专利权诉讼的，人民法院应当受理。

本章小结

本章主要讲述了如何对创新成果进行保护。首先，概述了知识产权的定义和特点，并说明了知识产权保护的作用和意义；然后，介绍了专利的概念和专利申请的步骤；最后，阐述了专利侵权的分类及相关的法律法规。

第五章　把握创业机会

个人进行创业要善于把握住好机会，抓住了每个稍纵即逝的创业机会，就等于成功了一半。

第一节　创业机会概述

一、创业机会的概念及特征

（一）创业机会的概念

创业是建立在机会的基础上的。创业机会，又称商机或者市场机会。通常，创业机会有以下几种定义。

(1) 创业机会可以带来一种新的“目的—手段”关系，它能为经济活动引入新产品、新服务、新原料、新市场或新组织方式。

(2) 创业机会是指具有较强吸引力的、较为持久的、有利于创业的商业机会，创业者可以据此为用户提供有价值的产品或服务，并同时使创业者自身获益。

综上所述，对于创业机会我们可得出较为全面的概念：创业机会，是指在市场经济条件下，社会的经济活动过程中产生和形成的一种有利于企业经营成功的因素，是一种带有偶然性并能被创业者认识和利用的契机。

大多数创业者能创业成功都是因为把握了商业机会。例如，蒙牛的牛根生看到了乳业市场的商机；好利来的罗红看到了蛋糕市场的商机。在现实生活中，这样的例子不胜枚举。一旦创业成功，随之而来的新产品、新服务等不仅会改变人们的生活方式，甚至还能创造出新的产业。随着人们对创业机会的价值潜力进行不断地探索，市场会逐渐衍生出一系列的商机，从而滋生出更多的创业活动。

（二）创业机会的特征

创业机会如同沙中的黄金，其稀缺性和难以捕捉性显而易见，需要创业者用独特的创业视角和方法才能发现。创业机会具有如下特征。

(1) 模糊性。创业机会永远是“浑水”中的鱼，是隐藏于模糊的环境中尚未清晰显现的市场需求，一旦清晰，商机也就不存在了。商机的模糊性隐藏着商机的风险性，创业机会与创业陷阱只有一步之遥。

(2) 适度风险性。创业机会中的利益与风险永远是对等的。创业者通过承担风险，适度挑战风险但不做冒险家、看重结果而不计较损失，善于捕获那些人们称为“铤而走险”的机会而获得高价值收入。所有的创业机会均具有风险性。

(3) 适时性。创业机会产生于一个特定时间，同时，只有在特定的时间才有效用。因此创业者要善于在机会时效内抓住和利用机会。

(4) 普遍性。凡是有市场、有经营的地方，客观上就存在着创业机会。创业机会普遍存在于各种经营活动过程之中。

(5) 较高回报性。商机是一种潜在的高价值回报的市场需求。商机所蕴含的潜在的高价值是令人激动的，对商机高价值的发现和期待是激情创业的主要原动力。

(6) 潜在增长性。创业机会具有足够潜在增长空间和正向市场需求趋势。

(7) 存在于未被发现和未被满足的市场需求中。商业机会是未被发现和未被满足的市场需求，它往往隐藏于市场的夹缝中。创业不仅可以满足市场的需求，而且能创造市场的需求。如人们有通信的需求，但 E-mail、微信则是创造的需求。

二、创业机会的来源及类型

创业机会来源于环境的变化及其他各种各样的因素，其根源在于事物的变化(包括产品、服务、市场等方面)。本小节从创业者机会的理论来源和我国创业机会的主要来源进行详述。

（一）创业机会的理论来源

对于创业机会的来源，理论界尚未形成权威共识，不同学者有不同的看法。

1. 彼得·德鲁克的研究

根据彼得·德鲁克的研究，创业机会的理论来源有如下几个方面。

(1) 意料之外的事件:意外的成功、意外的外在事件。

(2) 不一致的状况:实际现状和预料中的状况不一致。

(3) 基本程序需要的创新和发明。

(4) 基于产业和市场结构的变化,以出其不意的方式降临到每个人身上。

(5) 人口统计特征(人口变动情况)。

(6) 认知、情绪和意义上的改变。

(7) 新认识:包括科学和非科学。

2. Olm 和 Wddy 的研究

根据 Olm 和 Wddy 的研究,创业机会的理论来源有如下几个方面。

(1) 先前的工作经验,可获取的市场机会、供货商和用户。

(2) 从有创意的他人处获得机会。

(3) 得到某一权力、授权或者特许权,购得一个未完整发展的产品。

(4) 与熟知某一市场、专业或者科技领域的专家接触所获得的机会。

(5) 研究资料所得:最新研究报告、最新的专利公告、特殊领域专家的讲座等。

(6) 研究先前市场失败的案例,在不同情况下可能成功。

(7) 复制别人的成功经验,应用于不同市场。

(8) 把兴趣、业余爱好转化为创业机会。

(9) 在个人的经验基础上,发展出事业化的需求。

(10) 根据个人所需,进行研究发展。

3. 约瑟夫·熊彼特的研究

根据约瑟夫·熊彼特的研究,创业机会的理论来源有如下几个方面。

(1) 创造新产品或者服务。

(2) 对现有产品或服务的品质或者等级进行明显的改善。

(3) 引入新的生产工艺。

(4) 打开新市场:①创造或获取新的供应来源;②产业内组织的新形态。

4. 杰弗里·蒂蒙斯的研究

根据杰弗里·蒂蒙斯的研究,创业机会的理论来源有如下几个方面。

(1) 法规的改变,如电信法松绑。

(2) 技术的快速变革。

(3) 价值链或者供销渠道的重组。

(4) 技术的创新。

(5) 现有管理没落或者投资者的不良管理。

(6) 市场中被忽视的需求。

(二) 我国创业机会的主要来源

1. 外部环境

外部环境包括一般环境和行业环境，通过对外部环境进行分析，创业者可以获取创业灵感并确定外部环境中存在的威胁，找出其中利于企业创建和发展的契机。

外部环境中创业机会的主要来源体现在如下因素中。

1) 政治因素

广义上政治因素可扩展到包括法律在内的影响。具体来说，政治因素包括国家和企业所在地区的政局稳定状况，执政党所要推行的基本政策及政策的连续性、稳定性，包括税收政策、政府补贴政策等。

目前，促进创业的金融支持政策仍是改善创业政策的重点。政府部门应发展面向创业企业的权益融资机构，发展面向创业企业的债务融资机构和工具；开发促进创业的政府项目方面，需要从重视高新技术创业向兼顾高新技术产业和一般产业中的创业活动转变。有关部门应从单纯提供资金支持向提供创业帮助和创业环境的项目和政策转变；有关部门应继续推进全面的创业教育及工商管理教育和培训，帮助创业者掌握创业知识和技能。

2) 经济因素

在宏观经济发展下，企业发展机会增多，相应所形成的创业机会也多。目前，在全球化的推动下，某些企业开始在全球市场中寻找发展的机会。例如，在浙江台州的中国飞跃集团以拉丁美洲的阿根廷、巴西、智利等国家为起点“走出去”，利用外部市场机会，成功地实现了企业二次创业的目标，推动了企业的持续成长。

3) 技术因素

技术的革新可为企业创造新的机遇，新技术的出现使得社会和新兴行业增加对该企业所在行业产品的需求，从而产生了一系列新的创业机会，使得企业可以开辟新的市场和新的经营范围。

新技术与知识的出现导致企业新的生产过程、产品、市场的变化，这些变化都可能给创业者带来某种商业机会。例如，每年都有许多学生以及教授带着新知识与技术，捕捉到可应用这些新知识与技术的市场机会，开始自主创业，也正是这些新知识和技术才成就了硅谷。

4）社会因素

通过对人口变化进行研究，创业者可发现人口规模、年龄结构、就业状况、教育程度和收入等方面的变化，从而发现新的市场机会。同时，这些变化对消费品、产品质量都有巨大影响。

5）行业环境

行业环境是指直接影响一个企业及竞争行动和反应的一系列因素。对于创业者来说，行业环境对战略竞争和获取高回报有更直接的影响。行业环境的变化主要体现为行业结构的变化。行业结构强烈影响着竞争规则的确立及潜在可供公司选择的战略，行业结构的变化可为企业带来成长机会。

行业中的市场机会受产业生命周期中的五种竞争作用力的变化影响。这五种竞争作用力即新进入者的威胁、行业内现有的竞争者的能力、替代用品的生产者的能力、购买者的议价能力、供应者的议价能力。一个行业的获利能力取决于这五种力量的相互作用。

这五种力量的状况及综合强度，决定着行业的竞争激烈程度，同时也决定了行业最终获利的能力。如果某一行业产品的技术含量很高，但面临供应者强大的议价能力或面临被其他产品替代的威胁，那么这一行业就很不容易经营，而在这一行业中寻找到相适应的创业机会，也就变得比较困难。

2.内部环境

对内部环境进行分析，最重要的是形成可持续竞争优势。当企业实施一种基于自身独特资源、能力和核心竞争力的价值创造战略时，就能具备竞争优势。因此，对企业内部环境的分析，重点要从资源、能力和核心竞争力三方面分析。

具体来说，资源体现了企业经营过程中投入的生产要素；能力是指那些只有通过运用才能显现出价值，也就是最终需要体现在具体个人或群体身上的潜在、动态、无形的可以胜任某项工作或活动的主观“能动条件”，是企业利用员工进行长期信息与知识开发、转移、交换或分享而形成的有形和无形资源的内在联系，是经过复杂互动而形成的结果；核心竞争力是指企业与竞争对手相比做得非常出色的能力，核心竞争力是使企业独特的本质所在，通过建立核心竞争力，企业可以长期持续地为其产品或服务增加独特价值，并获得自身独特的竞争优势。

创业者可以从这三个方面进行分析，获得独特的创业机会。

（三）创业机会的主要类型

当创业者发现一个潜在的创业机会后，需要进一步明确这个创业机会的类型。对于同一个问题，因为创业机会的类型不同，需要的资源、知识产权保护方式、产品研发投入、承担的风险都不同。重要的是，了解创业机会的类型能够帮助人们准确分析这个机会是不是真正的商机，是不是真正值得投资。

1. 复制型创业

复制原有公司的经营模式，创新的成分很低。例如某人原本在某餐厅里担任厨师，后来离职自行创立一家与原服务餐厅类似的新餐厅。新创公司中属于复制型创业的比例虽然很高，但由于这类创业的创新贡献太低，缺乏创业精神的内涵，因此不是创业管理主要研究的对象。这种类型的创业基本上只能称为“如何开办新公司”，很少会被列入创业管理课程中作为学习的对象。

2. 模仿型创业

这种形式的创业，虽然也无法给市场带来新价值的创造，创新的成分也很低，但与复制型创业的不同之处在于，其创业过程对于创业者而言具有很大的冒险成分。例如某一纺织公司的经理辞掉工作，开设一家当下流行的网络咖啡店。这种形式的创业具有较高的不确定性，学习过程长，犯错概率大，代价也较高昂。这种类型的创业者如果具有适合的创业人格特性，经过系统的创业管理培训，掌握正确的市场进入时机，还是有很大机会可以获得成功。

3. 安定型创业

这种形式的创业，虽然为市场创造了新的价值，但对创业者而言，其本身并没有太大的改变，做的也是比较熟悉的工作。这种创业类型强调的是创业精神的实现，也就是创新的活动，而不是新组织的创造，企业内部新产品的开发即属于这一类型。例如研发单位的某小组在开发完成一项新产品后，继续在该企业部门开发另一项新品。

4. 冒险型创业

这种类型的创业，除了给创业者本身带来极大改变，个人前途的不确定性也很高，新企业的产品创新活动也将面临很高的失败风险。冒险型创业是一种难度很高的创业类型，有较高的失败率，但成功所得的回报也很惊人。这种类型的创业如果想要获得成功，创业者必须在能力、创业时机、创业精神发挥、创业策略研究拟定、经营模式设计、创业过程管理等方面，都有很好的规划。

三、创业机会的意义

我们之所以关注创业机会，是因为创业活动的本质是发现和把握商机，创业机会的意义主要体现在以下几个方面。

1.获得商机中的潜在价值

无论是阿里巴巴的创始人马云，腾讯的创始人马化腾，还是京东的创始人刘强东，无一不是被商机中所蕴含的高价值所吸引、驱动，并牢牢地把握住机会而成功创业。高价值商机是大学生创业者的首要资源，从资源角度看，大学生是创业的弱势群体，他们缺少创业的人、财、物、经验、社会关系等资源，但当代大学生并不缺少对价值商机的发现能力和把握能力。对于“一无所有”的大学生来说，高价值商机，特别是专业领域内蕴含的高价值商机，是社会给予他们的独特资源，只要发现和把握了这一关键资源，就能以股份制方式，筹集到创业所需要的资金、人员等其他资源。

2.实现长期盈利

企业一旦建立，首先产生的是费用，而不是利润。如果创业者在创建企业之前，没能发现一个利润远远大于费用的商机，并把握好它，迅速获得第一桶金，那么企业一旦创建，创业者就会陷入生存的困境中。因此，创业的本质不是筹集资金注册公司，而是发现商机、把握商机、获得高价值的长期盈利。在多变的市场环境下，企业若想获得长期的商业利润，就要不断地发现环境机会，把握创新的时机，不断创造价值和谋求成长。在商机管理时代，创业是科学，也是艺术，但更是实践。有志创业的大学生，首先，要建立起没有商机不创业的原则；其次，要学好专业知识，学习发现商机的创新方法，做发现商机的有心人；最后，要积极参与大学生创新训练项目、创业训练项目，体会创业精神，积累创业资源，等待时机。

第二节　创业机会识别及分析

一、创业机会识别

创业机会识别指创业者识别出新的有价值创业机会的过程，是创业的初始阶段。研究者们关于创业机会识别的理解分为两种。持客观观点的学者认为，创业机会是客观存在于外部环境之中的，需要创业者去发现。另一些则认为创业机会识别事实上是主观的、是创造过程而不是发现过程，甚至创业机会本身就是创造性的。随着探索的不断深入，研究者们逐渐意识到以上两种观点并不矛盾，而是互相补充的。研究提出创业者在信息加工过程中会同时使用算法和探索两种方式，因而创业机会既可以被发现同时也可以被创造。甚至有研究认为机会识别中主客观因素的作用是同等重要的。

（一）有价值的创业机会的基本特征

（1）独特、新颖，难于模仿。

创业的本质是创新，创新可以是创造新的技术和新的解决方案，可以是提出差异化的解决办法，也可以是设计更好的措施。另外，新颖性还意味着一定程度的领先性。不少创业者在识别创业机会时，关注国家政策优先支持的领域，这就是在寻找领先性的项目。不具有新颖性的想法不仅将来不会吸引投资者和消费者，甚至对创业者本人都不会有激励作用。新颖性还可以加大模仿的难度。

（2）客观、真实，可以操作。

有价值的创意绝对不会是空想，而要有现实意义，具有实用价值。简单的判断标准是该创意能够开发出可以把握机会的产品或服务，而且市场上存在对该产品或服务的真实需求，或可以找到让潜在消费者接受产品或服务的方法。创意的价值特征是根本，好的创意要能给消费者带来真正的价值。创意的价值要靠市场检验。好的创意需要进行市场测试。同时，好的创意必须给创业者带来价值，这是创业动机产生的前提。

（二）创业机会的识别过程

创业机会的识别是创业领域的关键问题之一。从创业者的角度而言，它是创业的起点，创业机会的识别过程是一个不断调整、反复衡量的过程。它被分为五个阶段：准备阶段(preparation)、沉思阶段(incubation)、洞察阶段(insight)、评估阶段(evaluation)、经营阶段(elaboration)。

(1) 准备阶段，指知识和技能的准备，这些知识和技能可能来自创业者的个人工作背景、学习经历、爱好以及外界环境(如网络等)。

(2) 沉思阶段，指创业者的创新构思活动，这一过程并非有意识地解决问题或系统分析，而是对各种可能和选择的无意识考虑。

(3) 洞察阶段，指创意从潜意识中迸发出来，或经他人提点从而被创业者所意识，这类似于问题解决的领悟阶段，可以用“豁然开朗”来形容。

(4) 评估阶段，即有意识地对创意的价值和可行性进行评定和判断，评估的方式包括初步的市场调查、与他人进行交流以及对商业前景的考察。

(5) 经营阶段，指对创意进一步细化和精确，使创意得以实现。

Hansen，Lumpkin 和 Hills 重新验证了这一过程，发现这个五阶段过程是机会识别最好的拟合模型，并且其中的沉思和经营阶段与创造力显著相关。

二、创业机会的分析

所有的创业行为都来自创业者认为的绝佳的创业机会，且创业团队与投资者均对创业前景有极高的期待。事实上，创业获得成功的概率不到1%。除了不可控制的因素之外，很多创业机会在刚开始的时候就可能已经注定失败的命运。创业本身是一种高风险行为，即使第一次失败也可能成为下一次创业成功的基础。不过，对于一些先天条件不好，市场进入时机不对，或者具有致命瑕疵的创业构想，如果创业者能先以较客观的方式进行评估，那么许多悲剧式的结局就不至于发生，创业成功的概率也可以大幅度提升。因此创业者需要借助“机会选择漏斗”，经过一层又一层的筛选，在众多机会中筛选出真正适合自己的创业机会。所以创业机会分析是创业过程的重要环节。

(一) 创业机会分析的内容

(1) 创业机会的原始市场规模。

原始市场规模决定了创业企业在创业初期可能销售的规模，也决定了利润的多少。因此，分析创业机会的原始市场规模十分重要。一般而言，原始市场规模越大越好。

（2）创业机会存在的时间跨度。

任何创业机会都有时限，超过这个时限，创业机会也将不存在。时间跨度越长，创业企业抓住机会的概率就越大，调整自身发展的时间就越长。相反，时间跨度越短，创业企业抓住机会的概率就越小。

（3）创业机会的市场规模。

一般情况下，创业机会的市场规模越大，相应的创业企业的销售量增长速度也越快。创业机会的市场规模总是随时间变化而变化的，而其附带的风险和产生的利润也会随时间变化。

（4）创业机会是否是好机会。

即使创业机会有较大的原始市场规模，存在较长的时间跨度，市场规模随着时间以较高的速度成长，创业者也要对该机会做进一步的评价以判断它是否是好机会。

（5）创业机会对创业者而言是否有可实现性。

创业活动是创业者把握创业机会所展示的一系列举措。影响创业机会识别既有主观因素，也有客观因素。学者们普遍认为，一方面，创业者识别并开发创业机会；另一方面，创业机会也在选择创业者。只有当创业者和创业机会之间存在着恰当的匹配关系时，创业活动才最有可能发生，也最有可能取得成功。因此创业者应该认真审视自己，分析创业环境和资源条件，了解创业过程中必须要经历的几个阶段，然后衡量自己的性格、爱好、特点，判断自己是否适合创业，创业机会是否有可实现性。

（二）创业机会分析的过程

通过大量的案例分析，管理咨询公司麦肯锡总结出一套针对商机的分析方法，称为“七步分析法”。它是一种对新创公司及成熟公司而言都很重要的思维、工作方法。

（1）确定新创公司的市场。

第一步要弄清楚市场是什么，确定新创公司在市场价值链的哪一端，确定自己的市场在哪里，从而明确竞争者，把握机遇。

（2）分析影响市场的因素。

知道自己的市场定位后，新创公司就要分析该市场的抑制因素和驱动因素。要了解影响这个市场的环境因素是什么，哪些因素是抑制的，哪些因素是驱动的。

此外还要找出哪些因素是长期的，哪些因素是短期的。如果这个抑制因素是长期的，那就要考虑这个市场是否还要继续做，还要考虑这个抑制因素是强还是弱。

(3) 找出市场的需求点。

要找出该市场的需求点在哪里，就要对市场进行分析，要对市场用户进行分类，了解每一类用户的增长趋势。如有些房屋消费市场增长很快，但有些房屋消费市场增长很慢。这就要对哪段价位的房屋市场增长快，哪段价位的房屋市场增长慢做出分析。如哪些用户是在买较高价位的，它的驱动因素在哪里？也就是说，要了解用户的关键购买因素。

(4) 分析市场供应。

分析市场供应即分析多少人在为这一市场提供服务。在整个的价值链中，因位置不同，可能很多企业是合作伙伴而不是竞争对手。如奶制品市场中，有养奶牛的，有生产奶制品的，有经营奶制品分销的。如果新创公司要经营奶制品分销，那前两个上游企业都是合作伙伴。不仅如此，还要结合对市场需求的分析，找出合作伙伴在供应市场中的优劣势。

(5) 找出新创空间机遇。

供应商如何去覆盖市场中的每一块？从这里能找出一个商机，也就是新创公司的创业机会。这样分析后最大的好处是，在关键购买因素增长极快的情况下，供应商不能满足它，而新的创业模式正好能填补这一空白。对新创公司来讲，这也是能吸引风险投资商的一点。

(6) 细分创业模式。

知道了市场中需要什么，关键购买因素是什么，以及市场竞争中的优劣势，就能找出新创公司竞争需要具备的优势是什么。新创公司可以根据这一优势所需条件来设计商业模式。对于新创公司而言，一般第一步是把市场占住，获取大量的合作伙伴，然后随着公司的发展，自有的知识产权会越来越多，价值链会越来越长。

(7) 拟定风险投资决策。

这一步就是针对风险投资商的。风险投资商拟定风险投资决策主要根据投资的增值能力来决定。什么时候投，投多少，则要结合风险投资商自身的财务能力、新创公司的背景和经历来决定。风险投资商投的不仅仅是钱，还有管理经验，可以给新创公司带来更多的伙伴关系，更多的大用户。

第三节　适合大学生的创业机会

一、大学生创业环境

（一）扶持政策

为了缓解大学生就业难题，支持大学生创业，国家各级政府出台了许多优惠政策，涉及融资、开业、税收、创业培训、创业指导等各个方面。“大众创业、万众创新”更是成为我国的发展国策，被称为富民之道、公平之计、强国之策。

2009 年 2 月 15 日，国务院办公厅发出通知，高校毕业生创业可享受 4 项优惠政策，包括免收行政事业性收费、提供小额担保贷款、享受职业培训补贴、享受更多公共服务等。对大学生创业初期资金难的问题，国务院的通知明确要求，在当地公共就业服务机构登记失业的自主创业高校毕业生，自筹资金不足的，可申请不超过 5 万元的小额担保贷款；对合伙经营和组织起来就业的，可按规定适当扩大贷款规模；从事当地政府规定微利项目的，可按规定享受贴息扶持。

2014 年 9 月，李克强总理首次提出“双创”概念。自那以后，中国平均每天新增市场主体超过 4 万家，这一令许多外国领导人惊讶的数字，相当于不少中等经济体中小微企业的总量。其中新登记企业近 1.4 万户，企业活跃度保持在 70%左右，2017 年 5 月份每天新登记企业更是达到 1.8 万户。

有目共睹，我国政府不断鼓励“双创”，强化“双创”政策资金的扶持，而且政府已经探索出“双创”的成熟路径，创新创业正成为中国经济增长的新引擎，创新创业型中小微企业正发展壮大。

2017 年 6 月 21 日，长沙市委市政府正式印发《长沙市建设创新创业人才高地的若干措施》（长发〔2017〕10 号），简称“长沙人才新政 22 条”。6 月 29 日下午，该文件落地。该政策意味着长沙将为人才的就业创业提供最大的便利和支持。

2017 年 6 月 23 日，昆明市政府办公厅印发《昆明市支持小微企业创业创新基地城市示范建设的若干政策》。该政策支持在昆明地区登记注册经营的大学生积极参加国家级、省级创业创新大赛，获得国家级大赛奖项的，奖励资金 10 万元；获得省级大赛前三名的，分别给予 5 万元、3 万元、2 万元的资金资助；对毕业 5 年内，在昆明市自主创业的大学生个人或团体，与城乡劳动者签订并履行 1 年以上期限劳动合同的，根据带动就业情况给予一次性创业补贴 3000 元至 5000 元；对毕业 5 年内首次创业失败的大学生个人或团队再次创业的，按企业实际货币投资额的 50%，给予一次性最高不超过 3 万元的二次创业补贴；对毕业 5 年内，未享受创业园区免费孵化服务的，按规定给予最长不超过 2 年、每年最高不超过 1 万元的场租补贴。

另外，我国多个省市也出台相关政策鼓励大学生进行创新创业，如《天津市新一轮中小企业创新转型行动计划（2017—2020 年）》《山西省小微企业创业创新基地建设管理办法》《洛阳市培育创新型企业实施办法》等。因此，从政策层面来说，我国对大学生的创业扶持正在逐步完善。

但是，这些措施并没有吸引更多的大学生选择创业，也没有使更多的创业者取得成功，究其原因有二，一是政府相关部门的服务意识还不够强，不能为大学生创业提供便捷的服务；二是政府、社会和学校的指导、支持和保护等服务未能贯穿大学生自主创业的前、中、后三个时期，未能积极、有效地引导大学生自主创业。

如德盖特所言，创业首先要营造良好的创业环境，使初创企业更好地成长，其次创业政策应该能激励更多的人去创业，并提高新企业的成活率。他认为创业政策的成功与否主要取决于目标群体能否理解和接受政策的目标和手段。因此，在目前的状态下，我国不仅需要推行相关的扶持政策，更需要营造浓郁的创业氛围，提高创业教育水平，使更多的大学生选择创业、成功创业。

（二）创新创业教育

我国高校的创业教育始于 20 世纪末，发源于一些高校自发性的创业计划大赛和创业教育探索。1998 年，清华大学举办了首届“清华大学创业计划大赛”。自此之后，部分高校陆续开展这种创业大赛活动，直到 1999 年，由共青团中央牵头的“挑战杯大学生创业大赛”的成功举办，大学生创业才逐渐被推广到全国高校，社会对大学生创业的关注也越来越多，同时大学生得到了更多的认可。

但是，目前国内对创新创业教育缺乏认识，认为创新创业教育就是就业指导或创业大赛,更有人觉得:“创业还需要教育? 教什么?”这些认知是完全错误的。与欧美发达国家和地区相比,我国创新创业教育水平较低。我国大学生普遍缺乏系统的创业知识,缺乏创业技能培训,缺乏创业实践锻炼,缺乏创业风险意识、创业素质、创业品格的培养,惧怕创业失败。

通过特定的教育所形成的创新精神、创新理念和发展起来的各种知识能力是创新创业的必要支撑。目前相对于全国普遍的创新创业实践活动,创新创业教育仍需进一步加强,应该通过教育本身相应的改革与创新,更加系统地培养学生的创业精神和创业能力。创新创业需要时间和知识的储备,教育的作用必不可少。能否成功创业,归根结底还取决于创新创业能力的高低,能力可以通过教育和实践锻炼培养形成,创新创业教育的功能就在于挖掘学生创新创业的潜力,激发学生创新创业的兴趣,点燃学生创新创业的热情,提升学生创新创业的能力。实际创业的是少数人,但创新创业教育对每个人都是必要的。学生创新创业能力的获得,不仅需要专门的课程学习,更需要扎实的通识教育基础和实践锻炼;不仅需要高等教育中所学的高深知识,还依赖于中小学教育培养的创新意识。创新创业教育应该是全方位的教育过程,对经济社会长期健康可持续发展至关重要。办好创新创业教育,创新创业实践才能有源源不断的人才支持。

从全国范围来看,创业教育既有“虚火过旺”的问题,也有被边缘化的情况。一些高校对创新创业教育的认知不清晰、不统一,也不够重视,把它看成是团委和学生工作的任务,专业教师基本游离其外,而专业背景不同的辅导员却成了主力队伍,这样长久下去很难保证教育的专业性。在培养对象的问题上,也没有完全明确究竟要对谁进行教育。另外,我国目前尚无统一、科学的创业教育教材。

通过调研可知:高校创新创业教育教师队伍存在“三多三少”问题。“三多”是:教师来源部门多,分别来自团委、学生处、就业中心、创业中心(学院)、经济学院、管理学院、商学院和教育学院等;教师兼职的多,缺乏专门队伍;教师培训渠道多,但五花八门,缺乏高质量培训。“三少”是:教师职称评定机会少,大多数根据原有学科来评定,仅有少数学校纳入德育教师系列评定;专门的创新创业课程少,多数学校尚未将创新创业课程纳入学分管理;教师在创业教育方面的研究成果少。因此,在推进创新创业学科建设中,亟待加强教师队伍的专业化和系统化建设。

创业教育的定位需要借助创新教育自身改革的高度认识，揭示和顺应创新创业教育间的互动规律，既不能割裂创新创业教育整体，也不淡化创业教育。当前，适宜以强化创业教育作为创新创业教育改革的突破口，适当突出“有组织的创业”（在岗创业）教育。将创业教育作为“教学、体验、实践组合”和“第一、第二、第三课堂”融合的教育过程。

因此，我国应该努力构建完善的大学生创新创业教育体系，努力营造大学生创新创业教育氛围，明确开设大学生创新创业教育课程的核心与目的，不再以就业指导教育为核心，使大学生创新创业教育能够在大学生日后的创业中起到实实在在的作用。

二、大学生创业机会

本钱和收益是相对的，一分本钱一份收益，试图在创业一开始就获得十分高额的利润是较不科学的。大多数大学生并没有很高的创业资金，且其视野、人脉较窄，执行力较弱。因此，无人店、新零售等新型的商业模式并不适合大学生创业。大学生创业之初，应找准合适的创业机会，稳步发展。

在营销方向，大学生创业需要更换思路。许多营销模式其实已不适合，如以下几种。

(1) 传单：许多商店开业都通过发传单来吸引顾客，但是很多人要么接收传单，要么直接扔垃圾桶，吸引率并不高。

(2)广告：户外广告屏幕、校园中的场景贴牌广告和海报等。广告的成本费用较大，不太适合大学生创业，且多数人不关注广告。

(3)公众号：如今微信公众号多，多数人关注的是娱乐性质的公众号，对于推送的广告比较反感。

大学生创业可通过以下方式进行营销：

(1) 先赚吆喝，如号召大家加进微信群，进群即可获赠小礼品；

(2) 开业酬惠，如达到一定购买额即可获赠 VIP 卡等小礼物；

(3) 提高知名度，如微信朋友圈晒图、转发、点赞，达到一定数量即可获得奖品；

(4) 积累信誉佳的用户，如实行推荐制度，被推荐人购买商品达到一定数量,推荐人可获得奖品或 VIP 卡打折优惠。

大学生可选择以下领域的项目进行创业。

1.借助学校品牌的项目

(1) 各类教育与培训。大学生可以借助“大学”这块牌子,学习发达国家,在当地开展“婴儿早期教育”。

(2) 成熟的技术转让。学校里每年都有一些技术课题和成熟的技术项目,老师忙于研究,学生可以把这件事做起来,为技术寻找市场,实现技术成果转化。

(3) 各种专业的咨询。比如管理学院、KAB(know about business,了解企业)实验班等的学生,可以成立企业咨询组织。当然,学生的影响力是不够的,可以聘请同专业的老师进行指点。

2.利用具有优势的服务项目

(1) 家教服务中心。大学生可以邀请能够胜任的同学组成团队,每人专门辅导一科。

(2) 会议礼仪服务。大学生可以成立一家大学的礼仪服务公司,既可以与专业的礼仪公司合作,也可以服务于校内各类大型会议。

(3) 发明家俱乐部。大学生中大有对发明感兴趣者,创业者可以将他们组织起来,建立一个网站,还可以参加各类社会上的发明成果交易活动,有计划地在该网站上宣传推广。

(4) 速记训练经营。许多场合,如研讨会、新闻发布会等,都需要速记。既然有需要,就可以培养专业人才,开办速记训练班。

(5) 出租旅游用品。学生们喜欢野营、旅游,大学生可以针对这部分学生进行出租旅游用品的创业,还可以增加旅游攻略等服务项目。

3.可以独立运作的专业项目

(1) 可以拆分开的业务。现在许多公司已经接受了分散式的工作方式,把能独立的业务都独立出来,让专业人才或以其为主的小团队独立自主负责,且互联网为这种办公方式提供了条件,也为大学生创业提供了一个新方向。

(2) 图书制作工作。比如选题策划、文字录入、版式设计、包装设计、校对等。

(3) 各类平面设计工作。比如广告、宣传画、书封、商标等。此类项目对有兴趣且具有相关技能的大学生特别适合。

(4) 各种专项代理业务。比如专利申请代理,技术产权代理等。许多公司、团体都有需要注册的对象,但缺少相关知识,对注册的条件、范围、流程并不清楚,相关专业的学生可以对这类专业项目进行创业。

4.利于对外合作的项目

(1) 婚礼化妆司仪。婚礼经济长盛不衰,总是与双休日捆绑在一起,服务内容又是分门别类的。大学生创业可以不限于化妆司仪,婚礼流程中任何一个单项,都可以独立打造其有特色、有创意的服务内容,只要品质优秀,许多专业公司对其是求之不得的。

(2) 服装鞋帽设计。设计是服装鞋帽类企业的生命,大学生可以充分发挥自己及创业团队的创意,设计出新款后,做成样品,争取到拿货商的订单,再拿订单委托工厂加工。

(3) 各类信息服务。不论哪类信息,只要够专业、够翔实、够深度就会有许多人需要。大到行业信息,小到名录都有商业价值。

(4) 主题假日学校。凡是与中小学生的德、智、体发展有益的项目都可以办主题鲜明的假日学校。做好这件事,选题很重要,可借助有影响力、有公信力、有系统的资源,甚至完全可以与旅游公司联手。

5.小型多样的经营项目

(1) 手工制造。如各类小摆件等。

(2) 特色专柜。比如在一家大茶庄开一个小小的专柜,经营野山茶,团队负责宣传和提供货源。

(3) 网络维护。许多企业、事业单位的业务依赖电脑,依赖网络。有的配备专职的网络维护员,有的为了节约成本,使用兼职的维护员,定期或随时地进行维护。许多大学生对网络是非常熟悉的,不妨成立个“专家小组”,同时为几家企业或事业单位做兼职维护。

(4) 体育用品。如运动服、军训服等。

下面列举几个有代表性的创业项目。

项目一:做大学里的无印良品

无印良品近几年很火:冷淡性的设计,崇尚日系美学的简约质朴风格,深受年轻中产群体的喜爱。随之而来的跟风“山寨”品牌在三四线城市“野蛮生长”,

名创优品、大创优品、style pick……这些跟风“山寨”品牌的生意十分红火。因此，可参照无印良品的经营理念，建立大学里的“无印良品”。

这样，既可以满足学生基本的生活需求，又可以成为别具一格的新型杂货铺，保持旺盛的“生命力”。

项目二：卖网红爆款

中国的“山寨”已经成了一种常见的现象，从自媒体到商业界，上到大品牌下到不知名小店，均在模仿，均在“山寨”。先模仿后超越，就是一个变强的过程。

大学生选择服装行业创业，捷径就是模仿，模仿国际品牌的经营理念和设计风格，提高自身产品的知名度，从而实现盈利。

项目三：追随潮流，做亚文化流行产品

近几年来，“丧文化”“佛系文化”已经成一种潮流，电影《战狼 2》《前任 3》也火热非凡。追随这些时事热点，将其应用于产品中，自然会受到青年人的喜爱。还可以请学校里的一些学生试用大学生的创业产品，引起一股潮流。

本章小结

本章主要讲述了如何识别创业机会。创业机会识别是创业者识别新的创业机会的过程，是创业的初始阶段。首先，概述了创业机会的概念和特征，提出了创业机会的来源和类型，并说明了把握创业机会的意义；然后，介绍了如何对创业机会进行识别，并从多方面对其进行分析；最后，介绍了目前大学生创业的扶持政策和各种机会。

第六章　创业能力训练

第一节　创业团队的内涵及重要性

一、创业团队的内涵

创业团队是由技能互补的创业者组成的群体，该群体在一个共同认同的、能使彼此担负责任的程序规范下，为达到高品质的创业结果而努力。

大学生创业团队应该具有较强的资源整合能力，能通过团队成员之间的技能互补来提高驾驭环境不确定的能力，从而降低新创企业的风险，增加创业成功的概率。

二、创业团队对于创业的重要性

当创业者决定创业，并选定了创业项目后，最重要的任务就是组建创业团队。团队对于企业的成功有着重要的影响，一项针对美国在 20 世纪 60 年代创办的 104 家高科技企业的研究报告指出，在年销售额在 500 万美元以上的高成长企业中，有 83.3%是由创业团队组建的。组建一支优秀的创业团队对于创业者来说是一项至关重要的工作。一支优秀的创业团队应该具有以下五个特征。

(1) 知己知彼。一支优秀的创业团队的所有成员都应相互非常熟悉、知根知底。团队成员能够非常清醒地认识自身的优势和劣势，同时也了解其他成员的长处和短处。

(2) 优秀的创业团队应是其成员才华各异、各有所长、相互补充、相得益彰。一般一支优秀的创业团队会包括以下几种人：创新意识强的人，可以决定公司未来的发展方向；策划能力强的人，能够全面分析整个公司面临的机遇与风险，考虑成本、投资、收益的来源和预期收益，以及负责公司管理规范章程、长远规划设计等工作；执行能力强的人，负责执行具体过程，包括联系用户、接触终端消费者、拓展市场等；另外，在一个技术类的创业团队中至少还应该有研究型人才。

（3）单一核心。以创业团队中的带头人作为核心人物，他应是团队成员在合作共事的过程中发自内心认可的，具有远见、威望、魄力和决断力的人。创业团队中不能有两个核心人物，不能有两个人的主要能力完全一样。

（4）目标一致。拥有共同的目标是团队区别于群体的重要特征。创业团队的企业目标、企业文化，企业发展路径必须一致。共同的创业目标将分散的个体凝聚成一股强劲的力量。

（5）彼此信任。信任是解决分歧、达成一致的唯一路径。创业最初要把最基本的责、权、利说得明白透彻，尤其是股权、利益分配，包括增资、扩资、融资、撤资、人事安排及解散。这样在企业发展壮大后，才不会出现因利益和股权分配的分歧而产生矛盾，甚至导致创业团队的分解。

三、创业团队的优势与劣势

（一）创业团队的优势

人是最宝贵的资源，优秀的创业团队是新创企业的基石，是任何创新企业人力资源的关键组成部分。一流的团队能够带来出色的组织、经验、技能和对公司的承诺，团队成员之间紧密有效的工作关系对任何创新创业企业来说都是一笔宝贵的财富。

与个体创业相比较，团队具有的优势如图 6-1 所示。

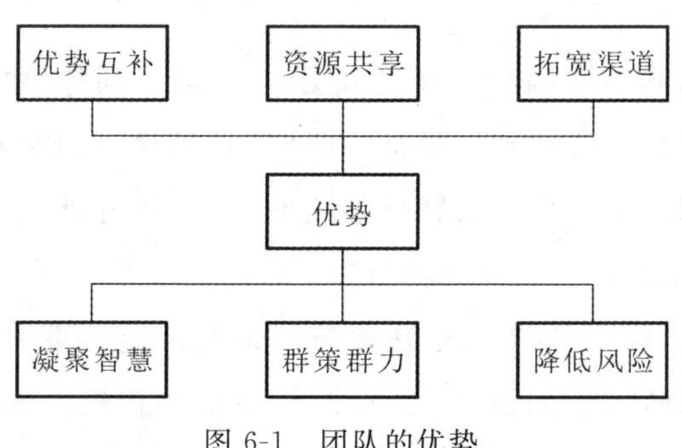

图 6-1　团队的优势

（二）创业团队的劣势

（1）团队成员个性不合带来的风险。中国文化的特点导致人际交集往往会掩盖团队成员性格上的差异、处理问题的态度，关系的远近亲疏经常会成为制约团队发展的瓶颈。团队成员之间因为性格、个性、兴趣不合，很容易导致团队在创业磨合期出现分歧甚至分裂，引发团队解散的风险。

（2）利益分配争议带来的风险。很多中小型民营企业的创业团队在发展初期，一直没有考虑，或者碍于面子问题没有提出明确的未来具体利益分配方案，等到企业规模壮大时就开始为利益怎么分配而发生争执。

（3）团队成员经营理念不同带来的风险。创业之初团队成员选择难免具有随意性和偶然性；或是在团队中承担某种角色的人才过多，团队成员之间角色和优势重复；或是团队成员的经营理念、处理问题的方式不一致，团队思想不统一；或是随着企业的成长，有些成员难以适应更大规模、更规范的企业经营管理的需求……这些都是引发各种矛盾，最终导致整个创业团队解散的原因。

（4）目标不一致带来的风险。创业初期，创业团队的目标一般并不十分清晰和明确，随着创业的进程和外界环境的变化，团队成员可能会发现原先确定的目标和现实之间存在差距。此时如果团队成员之间缺乏沟通，意见难以调和，或是个人目标与组织目标出现较大的不一致，甚至有的成员不认可公司的目标和策略，价值观出现冲突，那么团队就面临着解散的风险。

四、创业团队的要素

目标、定位、职权、计划和人员是一个创业团队中不可缺少的五个部分，对这五个要素明确定位，是提高企业创新能力和凝聚力必不可少的条件。

1. 目标

目标指建立团队的原因和希望通过建立团队达到什么样的目的。高效的团队明确认识到自己想要达到的目标，并坚信达到这一目标具有非常重大的意义和价值。创业团队是一个比较特殊的团队，它的目标就是在一定的创业阶段内完成公关、技术、组织、管理、市场、规划等工作。所以，在创业最开始的一段时间内，领带者应当让团队成员充分参与讨论并确定创业目标。一致的、远大的目标能够振奋团队成员的精神，激发他们各自的积极性和创造性，最终获得意想不到的成功。

2. 定位

创业团队的定位不能太过老旧、死板，可创造出新的组织形式，并与现有的组织结构相结合，如让来自不同领域的人们形成一个无缝对接的团队。定位可以分为两个方面。

（1）团队层次的定位。要确定由谁选择和决定团队的组成人员，谁对创业团队负责，采取什么样的方式来鼓励团队成员等。

（2）成员层次的定位。要确定每个成员在创业团队中起着怎样的作用，充分发挥他们的能力，人尽其才。

3. 职权

职权指团队需要承担的职责和可获得的权利，不同等级的职权体现在一定的工作范围和某范围内决策的自由程度。它由团队类型、目标、定位和组织的规模、结构及业务类型等因素来决定，但前提是必须与团队的定位、工作能力和所掌握的资源保持一致。明确创业团队成员的职权，不仅能够避免职权的重复和交叉，而且可以使成员之间通畅地沟通与合作。

4. 计划

在明确了团队成员的职责和权利后，具体指出成员之间怎样进行高效的分工合作，这就是计划的具体内容。

5. 人员

人员在成功创业中起着决定性的作用，要从多方面考虑团队成员候选者，不仅包括技能、学识、经验和才干，而且要尽量符合团队的目标、定位、职权和计划。

五、创业团队的组建原则

组建创业团队，首先应考虑创业需求人员需要具有的最基本知识和能力，再按照创业过程中实际需要来组织能够承担必需职能的团队成员。一般遵循以下的原则来创建团队：树立正确的团队理念；确立明确的团队发展目标；建立责、权、利相统一的团队管理机制。

1. 人数合理

大学生创业团队的人数在 3～5 人的范围内较好。创业初期，团队会遇到很多各种各样的问题，人数太少，团队的群体优势不能发挥出来；人太多，团队思想统一起来比较困难。人数合理，分工明确，才能保证各项工作速度快、效率高，使创业产品尽快占领市场。

2. 技能互补

团队应包括的基本人才有：管理型人才，负责团队工作协调并处理应急事件；销售型人才，负责起草修正创业计划书并进行市场调研、推广等；技术型人才，负责创业项目研发、技术支持和专业服务等。

3. 目标统一

目标在团队组建过程中起着举足轻重的作用。首先，目标是一种非常有效的激励因素。不仅可以帮助团队成员看清创业的方向，而且会激励创业团队迎难而上，从而取得胜利。其次，目标能够有效协调团队。一致的目标下，团队中不同个性、能力的成员才能够齐心协力，从而获得胜利与成功。

六、创业团队的人选

创业团队必须在创业前慎重选择成员。

1. 加入目的

团队成员基于什么样的原因加入团队，对其在团队中的发展起着决定性的作用。大学生有激情、有梦想，创业不仅仅为了满足最基本的温饱，在更高的层次上是为了实现人生价值。所以，在组建团队时，要选择那些志同道合，关注企业的发展的伙伴。

2. 知识结构

在团队中，组成成员的知识结构越合理，创业成功的概率越大。例如，由纯粹的技术人员组成的团队会形成技术为主的状况，造成产品的研发、生产与市场需求脱节。

3. 兴趣爱好

创业初期，大家满怀创业热情投入到工作中去，性格上的差别和处理问题的态度、方式容易被掩盖。一旦企业发展到某种程度之后，团队成员之间的个性冲突经常会导致矛盾的上升和激化，使团队破裂。因此，创业伙伴的性格等差别也要考虑。

4. 价值观念

成员的价值观念和道德品质会影响企业文化的形成。企业文化的源头是企业创始人自身价值观念的体现。在形成创业团队之前，成员之间一定要经过深入的交流和了解。价值观念相近的人在一起组成的团队，才能让企业更快更好地发展。

七、创业团队的组建方式

大学生组建创业团队的形式主要有合伙制、公司制两种。

1. 合伙制

合伙制指由合伙人共同订立合伙协议，共同出资、合伙经营、共享利益、共担风险、共同对债务承担无限连带责任。合伙制是一种过渡型创业模式，能够把创业中的激励与约束机制有机结合起来。在合伙人执行合伙企业事务方面，有全体合伙人共同执行合伙事务和委托一名或数名合伙人执行合伙企业事务这两种方式。这种创业模式比较灵活，先期投资少，创业者能够抓住消费群体的特点来定位行业，从而降低了创业风险。

2. 公司制

公司制是采取设立有限责任公司或者股份有限公司的形式组建创业团队，运用公司的运作机制和形式创业。公司制能够充分集中资金进行投资，以自有资本进行投资有利于控制风险；投资收益可以根据自身发展需要，先进行必要扣除，再进行分配。

大学生一般以股份形式合资从事创业活动，组建法人股份制的小型公司。由家长、亲戚作为这些创业公司的后盾。大学生团队创业已经成为我国民营经济发展的一个趋势，大多数创业团队会选择较高科技含量的行业开展业务，走高科技道路。

第二节　培养创新创业能力

一、提高创新创业意识

很多大学生往往不重视创新创业实践，这是因为大学前的教育告诉他们课堂上的东西是最重要的，课本学习比社会活动更重要。生活中处处有新知，大学生作为“七八点钟的太阳”，应该在老师教学的第一课堂之外，积极开辟自己的第二课堂。只有首先具备了提高自身能力的意识，大学生们才会在课余思考实践的问题，才能投身到课余实践中来。课余实践的机会多了，才能结合理论产生创新思维，再利用创新思维指导实践，实现“意识到实践，实践到意识，意识再到实践”往复循环的认识飞跃。

二、参加实践活动提高素养

有了创新创业意识之后，大学生应该积极参与各个类型的实践活动，为自己创新创业积累经验材料。有效的实践活动主要有四种，如表 6-1 所示。

表 6-1　实践活动

实践活动	定　　义
科研训练	在导师帮助下充分利用大学的实验室和科研资源进行科研训练，引导自身对于科学前沿的认识，提高实验动手能力
学科竞赛	主动参加学校或者教育部门组织的学科相关竞赛（如软件设计竞赛、智能车设计比赛等）能极大地提高快速学习能力，并检验自身时间管理和项目安排的能力
素质教育	多参加读书会，借阅专业以外的书籍拓展自己的知识面；积极参加文艺体育活动，如参加辩论队或演讲比赛，锻炼口才；培养一个兴趣爱好，如绘画、摄影、徒步等
实习培养	积极参加校外兼职活动，锻炼职业技能，了解盈利链的整个运作；参与产业基地或者公司实习，在拓展社会资源的同时了解公司的基本运营流程

三、选择合适的创业实践方向

有了创新创业意识，广泛参与实践活动之后，大学生会对自身的优势和劣势、兴趣和短板有较充分的认识。然后可以结合自身兴趣和能力优势，选择创新创业相关的方向。在确定方向之后，要深入了解相关方向的理论知识，钻研相关方向的实践活动。例如对编程有兴趣的大学生，可参加多个软件编程项目组，边完成项目边巩固编程知识，达到事半功倍的效果；而对学科前沿知识有热情的大学生，可积极联系导师，争取进入实验室的机会，学习实验方法和科研技巧等。大学生要学会合理安排好校内学习和课余钻研的时间，在项目中学习，在学习中进步。在一个方向上积累了足够的经验，就可以准备自己创新创业的课题了。

四、在项目中锻炼职业技能

大学生应该充分利用项目的机会锻炼职业技能。一般而言，大学生都是通过尝试不同的实践活动最终确认创新创业实践的方向，然后在这个方向上经过长期的理论准备和反复实践。例如以科研为目标的同学，要在项目中锤炼出科学精神，打好理论基础，学会写合格的研究文献；参加软件硬件项目的同学，可总结自己在项目中的实践经验，提高动手能力和项目开发水平，缩短就业时的实习期；在项目中负责营销和对外联系的同学，要总结好自己项目管理和对外公关的经验，为将来从事同类型的工作打下基础。

第三节　整合创业资源，筹集创业资金

学生创业一方面可以解决自身的就业问题，获得精神和物质上的满足；另一方面还创造了更多的就业机会，有助于带动其他人员就业，降低社会失业率。为促进大学生自主创业，国家及各级政府出台了一系列优惠政策，涉及融资、开业、税收、创业培训、创业指导等诸多方面。这些优惠政策在一定程度上鼓舞了大学生的创业热情，增强了大学生的创业意愿。

创业需要人才、知识、技术、资金等各种条件。大学生在知识、人才、技术等方面具有优势，而资金是他们创业最为薄弱的环节。

一、大学生创业资金筹集的难点及原因

（一）创业项目缺乏新意与吸引力

创业项目决定创业成败，好的创业项目能在市场竞争中占据主动地位，没有新意的创业项目则会成为“无根”项目或缺乏吸引力。这些问题主要表现在以下几个方面。

（1）大学生创业项目科技含量低，缺乏创意，大多数以服务型创业、生存型创业为主，如快餐店、食品店、加盟连锁等，这类创业项目规模较小、形式单一，容易被同类竞争淘汰，并且投资回报率较低。

（2）创业项目缺乏真正的商业前景。很多大学生对自己项目的市场预测过

于乐观，没有进行认真细致的市场调查，创业项目缺乏实际可行性和良好的市场前景。

(3) 创业项目的投资回报周期长。投资人比较喜欢“短、平、快”的项目，而很多创业大学生的项目存在“理想成分多、前期投入大、资金回流时间长”等问题，造成投资人的投资意向明显下降。

（二）创业政策体系缺乏支撑和系统性

当前，各级政府、社会和高校对大学生创业倾力关注，尤其是在创业专项基金、创业孵化基地、创业贷款政策等方面给大学生提供了很多支持和帮助。但许多鼓励大学生创业的政策，随意性较大，缺乏支持和法律保障，同时持续性不够，主要表现在以下几个方面。

(1) 创业政策缺乏专门机构的统一管理。政府帮扶大学生创业的优惠政策散布于各个部门，如教育部、人力资源和社会保障部、共青团中央、市场监督管理局等多个部门都出台了扶持大学生创业的相关政策，但是这些政策因没有专门机构进行整合，政策效力明显减弱。

(2) 创业政策缺乏科学合理性。从现有相关部门出台的创业政策来看，多为指导性的思想和方针，缺少简单可行的具体实施细则。另外，许多中央和地方部门出台的大学生创业政策也多以“通知”“意见”等形式出台，缺少一定的法律效力。

(3) 创业政策缺乏协调。如教育部侧重于从毕业生就业的角度来制定创业政策，共青团中央倾向于从培养高校学生创业意识和能力的角度来开展创业活动，市场监督管理局侧重于减免税收来帮扶大学生创业，人力资源和社会保障部则倾向于提供创业孵化场地来扶持大学生的创业活动。总体而言，创业政策之间因缺乏协调导致保障效率降低。

（三）创业融资缺乏渠道和操作性

目前，大学生创业资金来源主要依靠内部资金支持和外部资金支持，内部资金支持主要以父母、亲朋好友的资助和个人积蓄为主；外部资金支持则以银行小额信贷、创业扶持基金、风险投资基金等为主。内部资金支持金额少，方式较为简单；外部资金支持金额较大，但受限条件较多，主要表现在以下几个方面。

(1) 银行贷款门槛高。由于我国金融信用体系不完善，特别是没有建立良好的大学生信用体系，因此大学生很难以自身信用获得银行贷款。另外，大学生的初创企业项目规模小、还款能力弱，而银行历来有“重大轻小”的规模歧视，常常设置较高的创业贷款门槛，导致许多学生的硬件条件达不到申请规定要求，望而却步。

(2) 创业基金申请条件高。我国还没有建立全国性的大学生创业基金，地方政府和高校设立的大学生创业基金还处在发展阶段。一些地方政府和高校虽然设立了小规模的创业基金，但申请的条件较高，如很多创业基金要求学生创业项目需要具备一定的科技创新技术、场所面积、团队人数、行业要求等。

(3) 风险投资少。在西方发达国家，大学生创业资金的重要来源主要依靠风险投资(风险投资是指专业投资人为快速成长且具有很大升值潜力的新兴公司提供的企业发展资金)。风险投资引入中国的时间较短，社会风险投资市场也不够成熟，现有的比较成型的天使投资公司仍然较少，创业投资资金也就更少，难以满足众多大学生创业者的资金需求。

二、解决大学生创业资金筹集的对策

创业资金不足，再好的创业项目都是奢谈和空想。创业项目的实施取决于创业团队是否有充足的创业资金，因此大学生创业道路上首先要解决的就是创业资金问题。根据上面的原因分析，解决大学生创业资金筹集困难的问题，必须从以下几个方面着手。

1. 自筹资金

对于大学生创业者来说，由于其处在起步阶段，贷款能力有限，因此相当一部分资金需要依赖自有资本。如向亲戚、朋友、同事、同学等借钱。这是一种最简便可行的方式。

但是，在自筹资金的过程中，创业者必须注意以下几个问题。

(1) 无论亲戚朋友给予的资金有多少，原则上，经营事业必须保证创业者自身拥有主导权，也就是说，创业者自己应该拥有最大的股权；否则，创业者在企业经营过程中就会由于过多地受到他人的制约而缺乏魄力。所以，创业者要想事业顺利，自己就必须拥有足够的资金，这是创业者首先必须具备的经济观念。

(2) 创业者自己必须是具备“储蓄性格”的人。那些下个月的薪水还没有领到、这个月薪水就花光的人，或者是到处向人三千、两千借钱的人，都不够拥有自己经营事业的资格。现在，这种“储蓄性格”也是很多银行在贷款给用户的时候事先考察的一个项目。具备“储蓄性格”的人，自然就具备了偿还能力，这就是所谓的信用基础。所以，每个月能够坚持储蓄一部分资金的人，两三年间就能积累一笔不少的资金了。这样，不仅自己有了比较充足的资金储备，而且也能为顺利地从亲戚朋友那里借到钱，打下了一个良好的信誉基础。

2. 合伙入股

创业社会化是一种趋势，由于一个人往往势单力薄，所以几个人凑在一起会更有利于创业资金的筹集。另外，合伙创业不但可以有效筹集到资金，还可以充分发挥人才的作用，有利于对各种资源的利用与整合。对于资金力量不够雄厚的大学生创业者来说，这种合伙经营的方式还可以有效地分散风险，即如果创业不成功，由此带来的风险会由几个人共同分担，相对一个人创业来说个人的损失就要小得多。

虽然合伙投资可以解决资金不足的困难，但也应当注意以下的问题。

(1) 要明晰投资份额。大家在确定投资合伙经营时应确定好每个人的投资份额。平分股权的方式并不一定是最好的选择，因为如果平均进行股份额度分配，必将导致各股东之间权利和义务的相等，这样反倒不利于分工和明确责任，从而会使主要经营目标难以实现，为以后的矛盾埋下祸根。

(2) 合伙人之间必须要加强信息沟通。很多人合作是因为感情好，“你办事我放心”，相互信任。但假如因此而不注意沟通交流，很容易产生误解和分歧，不利于合伙基础的稳定。

(3) 要事先确立章程。俗话说：“没有规矩，不成方圆。”经营企业就应该“亲兄弟明算账，把丑话说在前头”，不能因为大家感情好，或者有血缘关系，就没有企业章程。章程是行为准则，是经营依据，没有它也就没有了依据，是合作的大忌。

3. 银行贷款

国家信息中心的一项调查表明，如今筹资问题已经成为个人创业的首要焦点，80%以上的创业者由于不知道怎样贷款，或者根本就不敢向银行贷款，而与“大好商机”擦肩而过。

对于大部分创业者来说，银行贷款是最为传统的筹款方式。目前能够为中小企业提供贷款的银行主要有四大国有银行；同时，光大银行、广东发展银行、中信银行等金融机构也纷纷推出了专为个人创业者打造的贷款品种。这些举措都将使个人创业者的资金筹集问题变得越来越简单。而且近几年国家各项政策都鼓励、支持在校大学生创业。所以，对普通创业者来说，根据自身情况科学地选择适合自己的贷款品种，将会使创业变得更加轻松。

4. 寻求风险投资

所谓风险投资，是指对处于创建期和成长期的中小企业进行股权或债权投资，并参与企业管理，以获得较高的回报。据调查结果显示，我国专门从事风险投资的金融机构已超过 400 家，此外，还有一些大企业、大集团也在进行风险投资，风险投资已逐渐成为普通创业者获得资金的一种方式。

那么，创业者有了好的开发项目，如何获得风险投资呢?

第一步：拟订好经营计划书。在拟订经营计划书时，注意以下几点：

(1) 尽量详细描述产品的市场规模和前景；

(2) 拟订经营计划书时详尽介绍产品独特之处，如技术上的先进性、工艺上的可行性、原材料获取的经济性，并结合产品市场前景，初步估算出产品的经济效益，做好财务预测；

(3) 将经营计划书尽量撰写完美。

第二步：寻找风险投资者。

第三步：风险投资合同的谈判。

很多创业者可能生平第一次参加这样的谈判，所以，在谈判过程中要对谈判技巧和法律细节多加关注。

5. 争取政策性扶持资金

作为国民经济中重要组成部分的中小企业，由于受到资金和规模的限制，经常会在企业发展过程中遇到各种困难。因此，我国各地政府每年都会拨出一些资金以支持大学生创业，支持他们的企业正常发展。

6. 自力更生，自主发展

对于很多创业者来说，顺利解决创业后的后续资金问题，无疑是一个至关重要的问题。若解决不好，可能会导致自己辛苦创立的事业前功尽弃。虽然通过前面几点的论述我们知道，创业者获取资金的途径有很多种，但它们并不一定对每个创业者来说都有效。所以，拓宽思路，积极发掘自身内在的潜力，发展多种途径，靠自己的力量，对创业者来说恐怕还是最直接，也是最有效的筹措资金的办法。

第四节　制订创业计划书

创业不是喊喊口号就可以实现的，它需要理性的思维，严密的逻辑，严谨的发展方案来将梦想逐渐变为现实。实现梦想的第一步就是从制订创业计划书开始的。有了创业的想法和项目之后，通过制订创业计划书，把项目中的利与弊写下来，加以推敲琢磨，才能够更深刻地认识到创业的具体内容，从而决定是否真正地投入到这个过程中。

一、创业计划书的作用

1. 知己知彼，百战不殆

在制订创业计划书的过程中，创业者需要冷静并谨慎地对自己的创业活动进行全面审核，包括政治、经济、文化、产品、服务等是否能够符合市场的需求，以及企业将来的发展方向等。对自己的创业环境以及发展前景具备深刻的了解与认识是创业成功的大前提。

2. 抛砖引玉，获得风投

当企业尚在创办期间或者甚至还在规划酝酿中时，因为没有足够的商业数据可以给风险投资者以参考和借鉴，所以风险投资者只能通过创业计划书来了解企业的主要项目和发展方向，并以此来判断此投资是否有发展潜力和利益回报。因此，计划书很大程度上决定了投资者愿不愿意对项目进行风险投资。

3. 群英荟萃，百舸争流

在展示创业计划书的同时也在展示创业者的思想和才华。

一份优秀的创业计划书，不仅能让风险投资者看到创业者的潜力、决心，而且能让风险投资者看到新的发展，甚至感染更多的人加入到这个团队当中，共同实现人生理想。

创业计划书也是一个严谨的书面承诺工具。创业者在制订计划书的时候必须慎重部署企业的发展战略，确保创业的可行性，为企业在创业初期确定下发展方向和发展目标。员工在有了方向和目标之后，就能为之奋斗和努力。

4. 整合资源，运筹帷幄

制订创业计划书之前，创业者必须对创业过程进行全面的思考，完成自由评估、市场调研、产品研发、市场定位、销售策略制定、人事安排、财务规划等。创业计划书其实也是对创业过程中凌乱、分散的信息和要素进行充分的研究，找出它们的内在联系，对它们进行调整和重组，从而确保后续具体工作的展开。

二、创业计划书的要求

简单来说，创业计划书就是要求创业者提出一个具有市场前景的产品或服务，并围绕这一产品或服务，完成一份完整、具体、深入、具有可行性和操作性的创业计划。创业计划基于具体的产品或服务，着眼于特定的市场、竞争、经营、运作、管理、财务等策略方案，描述公司的创业动机，阐述把握机会创立公司的过程并说明所需资源。一份合格的创业计划书包括以下几个方面的内容。

(1) 概述。要求：简明、扼要、具有鲜明的特色。重点包括对公司及产品或服务的基本内容、市场概貌、经营策略、生产销售管理计划、财务预测的介绍；指出新思想的形成过程和对企业发展目标的展望；介绍创业团队的特殊性和优势等。

(2) 产品或服务。要求：明确其能满足关键用户的需要；说明进入策略和市场开发策略；说明其专利权、著作权、政府批文、鉴定材料等；指出产品或服务目前的技术水平是否处于领先地位，是否适应市场的需求，能否实现产业化。

(3) 市场。要求：分析市场容量与趋势、市场竞争状况、市场变化趋势及潜力，细分目标市场及用户描述，估计市场份额和销售额。其中，市场调查和分析应当严密科学。

(4) 竞争。要求：明确公司的商业目的、市场定位、全盘战略及阶段的目标等；同时要对现有和潜在的竞争者进行分析，包括替代品竞争、行业内原有竞争的分析；总结本公司的竞争优势并研究战胜竞争对手的方案，并对主要的竞争对手和市场驱动力进行适当分析。

(5) 营销。要求：阐述如何保持并提高市场占有率，把握企业的总体进度；对收入、盈亏平衡点、现金流量、市场份额、产品开发、主要合作伙伴和融资等重要事件有所安排；构建一条畅通合理的营销渠道和与之相应的新颖而富有吸引力的促销方式。

(6) 经营。要求：对原材料的供应情况，工艺设备的运行安排，人力资源的安排等给出描述。这部分要求以产品或服务为依据，以生产工艺为主线，力求描述准确、合理，可操作性强。

(7) 组织。要求：介绍管理团队中各成员有关的教育背景、工作背景、经验、能力、专长；组建营销、财务、行政、生产、技术团队；明确各成员之间的管理分工和互补情况，公司组织结构情况，领导层成员，创业顾问及主要投资人的持股情况；指出企业股权比例的划分。

本章小结

本章主要讲述了如何进行创业能力的训练。首先，说明了创业团队对于创业的重要性，并分析了创业团队的优势与劣势；其次，列出了一个创业团队需要具备的要素和组建原则；然后，从加入目的、知识结构、兴趣爱好和价值观念等方面阐述了怎样确定团队人选；最后，介绍了团队的组建方式，详细讲述了如何通过实践进行创业能力训练，如何筹备创业资金以及如何制订创业计划书等相关问题。

第七章　创业项目关键任务分步指导

创业的首要任务就是创业项目的选择，这是创业中最难，也是最关键的一步。据调查统计，98%的人创业失败是因为没有选择合适的项目；成功创业的人中，有 70%认为合适的创业项目能够成就事业。目前来讲，大部分的大学生在选择创业项目时往往很盲目，容易跟风，挑一些时下最流行最赚钱的项目，而没有经过任何市场评估，就仓促开业，也不管是不是自己熟悉的行业，适不适合自己创业。所以，创业成功与否，项目的选择很重要。大学生创业时，需根据自己的实际情况来选择适合自己的项目，才能离成功更近一步。

第一节　创业领域选择

一、创业领域划分

对大学生而言，在选择创业项目时，可先将各个项目划分到三个领域中：高兴趣度事业、高擅长度事业、高财富度事业，如图 7-1 所示。

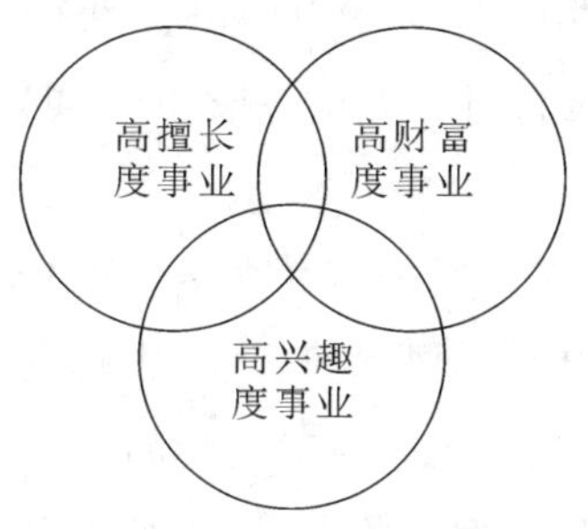

图 7-1　创业领域划分

(1) 高兴趣度事业领域包含的均为创业者自身感兴趣的项目。兴趣是最好的老师，创业者只要对某项事情感兴趣一般都容易将其做好，并且会事半功倍。但是，如果创业者对某项事情不感兴趣，在其以后的工作中也几乎不可能会培养出兴趣，这就不容易做好项目，即使最后做好了，也会是事倍功半。因此，正在艰难选择项目的创业者们，最好选择自己感兴趣的行业和项目。

(2) 高擅长度事业领域包含的项目有两种：一是创业者自身所学专业领域的项目，二是创业者对这个项目或者产品十分熟悉。进行擅长的项目可以在创业过程中少走弯路；在同类型的创业项目中，相较于其他不擅长的创业者，可减少一部分成本，并取得竞争优势。

(3) 高财富度事业领域并不一定要求价格高，财富不等于价格。此领域中的项目需要对用户的广度和需求进行分析。比如现在有如下两个生意：①销售感冒药；②销售治疗心脏病的药。若在相同条件下让创业者选择，估计80%的人都会选择销售感冒药。事实也证明，相同条件下，销售感冒药的收入要超过销售治疗心脏病的药的收入。这是为什么？治疗心脏病的药肯定比感冒药的价格高，但是，感冒药的受众群体远远多于前者。量大是致富的关键，当销售的东西永远只是面对一小撮人群，最终的收入比不上受众广的商品。此外，能重复消费的商品，其财富度也高于不能重复消费的商品，比如粉笔的财富度就较黑板更高。

对大学生而言，先将项目按领域分配，然后根据三度交集法选择合适的项目，最佳的项目则被三个领域包含在内。这样可减少创业中的阻力，提高创业的成功率。

二、案例分析："闻闻窝"

2015年4月，宠物生活O2O平台"闻闻窝"获得了创新工场600万美元投资，加上之前弘道资本投资的1000万人民币，"闻闻窝"在A轮已获得了约4700万人民币的投资。

"闻闻窝"创始人孙岩，对外经济贸易大学EMBA，拥有11年移动互联网的管理经验，曾先后任职于空中网、凤凰新媒体、去哪儿网，熟悉移动互联网行业。而其创建"闻闻窝"APP，只是源于一份对宠物的爱。

"路虎"是孙岩养的一只大型古牧犬，因出差寄养在宠物店，三天后，孙岩接到了宠物店的电话，被告知"路虎"吃狗粮噎死了。孙岩到宠物店后，发现其管理十分混乱，而美国宠物店的管理一般都很完善，宠物们生活得无比幸福，孙岩就觉得自己应该为“路虎”做点什么，他不希望别人也经历他的悲伤。“路虎”的死成为了孙岩心里永远的痛，他想为此出一份力。于是他回国组建了自己的团队，准备创建一个宠物在线服务平台。

当然，在创业之前，孙岩和他的团队在北京做过调研。在调研中他们得知，北京派出所内已办理的养犬登记证数量达到了100万，却只占了实际宠物狗数量的20%左右。另外，狗只是众多宠物类别当中的一种，整个宠物市场还可以从猫、狗、鸟、鱼、虫等种类中分出很多个细分类别。国民生活水平不断上升，养宠物的人也逐渐增多。基于这一点，孙岩相信，宠物市场规模还会不断扩大，宠物在线服务平台的潜力是十分巨大的。因此，他下定决心，并与团队经过坚持不懈的努力，终于完成了“闻闻窝”的创办。

“闻闻窝”是一个能够记录宠物的一生，并且涵盖几乎所有宠物服务的宠物生活O2O平台。

(1) 在其APP中，宠物社交分为“图”和“帖”两个部分。“图”类似于QQ空间的时光轴，可以从宠物的角度记录宠物的成长历程；而“帖”则类似于百度贴吧，用户可以选择在同地区或同种类宠物的圈子中与其他人进行互动。

(2) 宠物O2O服务则分为了“问”和“寻”两个部分。在“问”中，“闻闻窝”设置了不同的答疑“窗口”，让宠物医生、训练师、造型师、营养师等专业人士来帮助解答；“寻”则类似于大众点评，集合了摄影、美容、寄养、训练、配对等各式各样的宠物服务，可以让用户进行点评。

在2015年6月，“闻闻窝”就已经拥有500万的用户基数，保持着12%左右的用户活跃度，这其中甚至有5%～10%是来自海外的华人用户。对于“闻闻窝”未来的发展，孙岩有比较清晰的思路：“未来可能还会做一些有关宠物的智能硬件，希望能够在人体智能传感器发展起来之后进行布局，发展有关宠物的智能硬件。如果能够把这部分东西做起来，将来宠物的大数据会更加丰富和精准，甚至会拥有中国最大的宠物数据库。”

从此案例中可以得出以下结论：

(1) 在寻找创新创业机会的过程中，从自己的兴趣出发、结合自身的优势与专长至关重要；

(2) 企业所提供的产品，必须紧紧围绕受众的需求，提供持续不断的、重复性的服务。

第二节　近似企业深度调研

在选择好创业领域，并确定自己所想做的项目后，就可以进行相关的市场调研。初期可调研该项目中的龙头企业和明星企业，研究它们的目标用户、产品系统、营销系统等(见图 7-2)，可获得很多的经验教训，从而冷静地认识市场需求，快速找到合理的盈利模式。

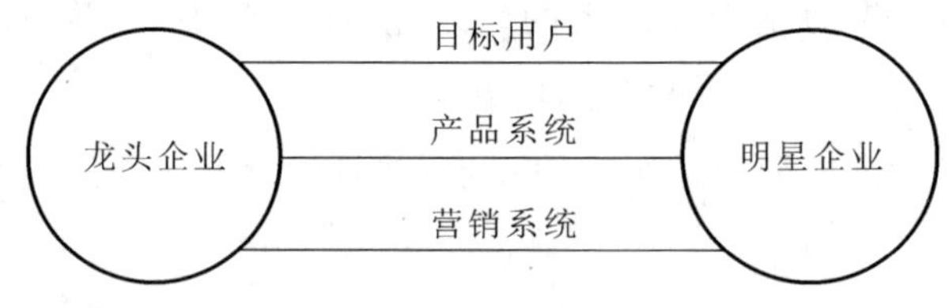

图 7-2　企业调研

一、目标用户

目标用户，即企业或商家提供产品、服务的对象。一般来说，目标用户具备以下几个特征：

(1) 对创业项目的产品的某一功能有迫切的需求，而这一需求是目前市场上其他种类产品所不能完美提供的；

(2) 具备一定数量及支付能力，特别是具备发展的潜力；

(3) 在时间与空间上具备购买的条件；

(4) 对服务的要求需要销售者来达成。

因此，只有确立了消费群体中的某类目标用户，才能展开有效的具有针对性的营销事务。确定目标用户可从以下三点进行考虑。

(一) 从需求出发，圈定目标用户

需求是用户购买的原始动机。创业者常常会犯一个错误：把需求与卖点混在一起，觉得自己的产品很有卖点，这些卖点无往不胜，所以用卖点去打动别人，去吸引别人，并觉得那些认可其卖点的人，就是其目标用户。但是，卖点不等于需求。

举个例子：口渴了，想买一瓶矿泉水，这是需求；农夫山泉推出矿泉水，主打营养矿物质的价值，这是卖点。

产品有卖点，这很重要。但是产品有没有用户需求，这更重要。如果没有人口渴，再好的矿物质水，都是空谈。人们尽管认可矿物质水有营养，但若不渴，也不会买水；如果很渴，纯净水、白开水，甚至自来水也会有人喝。

所以，在寻找目标用户时，应先忘记卖点，从用户的需求出发。卖点只能吸引用户购买，但不能决定用户购买。卖点的更多用处在于区分竞争对手，以及细分用户。需求才是用户购买的原始动机。用户的需求一般可分为两种：

（1）通过购买产品与服务，来摆脱或减轻一种痛苦；

（2）通过购买产品与服务，来获得或提升自我的满足。

因此，在圈定目标用户前，需确定产品能帮助谁摆脱痛苦，或者获得满足与提升。谁非常渴望获得产品？找到答案，就可以找到目标用户。史玉柱给脑白金打的广告就完美诠释了这一点："今年过节不收礼，收礼只收脑白金。"这句话是面向用户的"送礼，收礼"这个需求来打广告的。广告片尾才打出卖点：脑白金，年轻态，健康品。正因为脑白金找准了目标用户的定位："送礼，收礼"，所以产品才能大卖。

（二）从用户属性出发，定性用户

用户属性即"梦想用户"所具备的一些条件。创业者必须在圈定的那一群目标用户中再聚焦，这样可以找到更适合的"梦想用户"。

举例：现在创业者打算卖防脱发的药品。

（1）分析用户需求，定义目标用户为脱发的群体。

（2）用假设法进行分析：这个掉发的人，必须是什么样的人？

假如他是农民，他会非常在乎脱发吗？他不是最在乎的。于是定性于：中高层收入的脱发者。这是第一个属性。

假如他是70岁或更大年纪的老人，他会在意脱发吗？他不是最在乎的。于是定性于：30～50岁的中高层收入的脱发者。

假如他是一个不爱美的人，他会在意自己的脱发吗？他不是最在乎的。于是定性于：爱美的、注意形象的、30～50岁的中高层收入的脱发者。

假如他长期脱发，已经掉光头发了，他会在意脱发吗？他可能死心了，他可能习惯了。于是可定性于：刚刚开始掉发，轻度或中度掉发的爱美的、注意形象的、30～50 岁的中高层收入的脱发者。

……

(3) 把这些定性的形容词拎出来：中高层收入，30～50 岁，爱美，注意形象，有品位，刚刚开始掉发，轻度掉发，中度掉发，渴望治好……根据这些形容词寻找用户，可减少工作量，尽快将产品推销出去。

当然，如果你愿意的话，你还可以多问自己几个问题，找出更多的用户属性！

还有第二个方法——回顾总结法。通过已经成交的用户，挑选出"范例用户"，进行分析。例如，创业者曾经卖出过这种防掉发、再生发的产品，有一些用户很满意，购买也很频繁，同时还会给创业者介绍用户；那么，可以依据这些用户的特点，找寻和他们类似的用户，达到事半功倍的效果。

(三) 从市场细分出发，锁定"梦想用户"

创业者可以先问自己几个问题：

(1) 用户为什么需要该项产品，而不是其他的同类产品？

(2) 用户要求的服务有哪些？创业者是否具备提供这些服务的能力？

(3) 用户的潜力如何？用户有多大的购买能力？是否符合预期？

……

市场细分，目的是聚焦在最容易产生效益的那一群用户身上，即"梦想用户"，同时还有助于创业者规避竞争。市场细分，需要回归到创业者提供的产品或服务的功能上来，也就是说，回归到卖点。图 7-3 所示为锁定"梦想用户"指南针。

举例：假如创业者是卖奶茶的，通过圈定用户(如口渴，喜欢茶饮品等)，定性用户(如年轻、时尚、有消费力、大学生、高中生、初中生、逛街一族等)，选了一个店址，但是这里已经有人开了奶茶店。

此时，创业者该如何细分市场？下面列举三个角度的细分市场。

(1) 主题细分：如情感主题。只卖"情侣奶茶"，来买的人必须买两杯，意喻成双成对。此时的"梦想用户"是恋爱一族。

(2) 功能细分：如养颜功能。只卖养颜茶。此时的"梦想用户"是爱美一族。

(3) 特色细分：只卖手摇茶，不卖速溶茶。此时的"梦想用户"是认可这一特色的人。

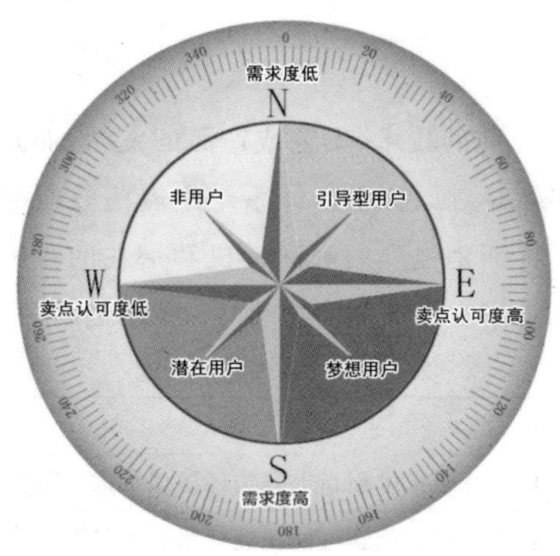

图 7-3　锁定“梦想用户”指南针

细分市场，是在选定的目标群体中，再亮出卖点，选取认可卖点，又有需求的人。因此，所谓“梦想用户”，即是一群有着强烈需求，又认可卖点的目标用户群体，这类用户就是创业者的首要寻找目标。

二、产品系统

（一）产品概念

任何企业都有自己的产品，产品在很大程度上决定了企业的盈利模式，包括有形的物品，无形的服务、组织、观念，或它们的组合。大学生创业时，也需要拥有自己的产品，并围绕产品展开一系列的活动。

用户购买的不只是产品的实体，还包括产品的核心利益（即创业者向用户提供的基本效用和利益）。产品的实体称为一般产品，即产品的基本形式（即基本产品），只有依附于产品实体，产品的核心利益（即核心产品）才能实现。期望产品是消费者采购产品时期望的一系列属性和条件。附加产品是产品的第四层次，即产品包含的附加服务和利益。产品的第五层次是潜在产品，潜在产品预示着该产品最终可能的所有增加和改变。

随着新兴行业的增加，产品也变得多种多样，既包含衣服、电器、日常用品等传统产品，也包含金融产品、虚拟产品等互联网产品。对于大学生而言，创业产品种类繁多：实体、虚拟、技术方案、知识产权、创意等，均可作为创业产品。

（二）产品开发

1.技术创新

创新并不是某项单纯的技术、工艺或产品的发明，而是一种运转不息的体制。只有引入生产实际并对原有生产体系产生震荡效应的发现和发明才是创新。创新活动的共同特征是强烈的利润动机和潜在的盈利前景。创新的实质是把技术生产力的进步作为经济发展的动力。技术创新的功能如表 7-1 所示。

表 7-1　技术创新的功能

名称	说　明
经济功能	现代社会技术创新上升为经济增加的主导因素
发展功能	表现为技术创新可使企业从粗放式经营走向集约化发展
文化功能	指技术创新有助于形成创新的企业文化

2.产品开发的流程

产品开发的流程指企业进行想象、设计和商业化一种产品的步骤或活动过程。流程就是一系列步骤，它们把一系列投入变成一系列产出。如图 7-4 所示，产品开发的流程一般分为四个阶段：概念开发和产品规划阶段、详细设计阶段、小规模生产阶段、增量生产阶段。

（1）概念开发和产品规划阶段：在决定某一新产品是否开发之前，企业还可以用小规模实验对概念、观点进行验证。实验可包括样品制作和征求潜在用户的意见。

（2）详细设计阶段：一旦方案通过，产品开发的流程便转入详细设计阶段。所需的产品与过程都要在概念上进行定义，而且体现于产品原型中（可在计算机中或以物质实体形式存在），接着应进行对产品的模拟使用测试。如果原型不能体现期望性能特征，工程师则应寻求新的改进设计以弥补这一差异，重复进行“设计—建立—测试”循环。

（3）小规模生产阶段：在此阶段中，整个系统（设计、详细设计、工具与设备、零部件、装配顺序、生产监理、操作工、技术员）组合在一起，进行产品的小规模生产。

（4）增量生产阶段：企业开始对产品进行增量生产。

（三）产品管理

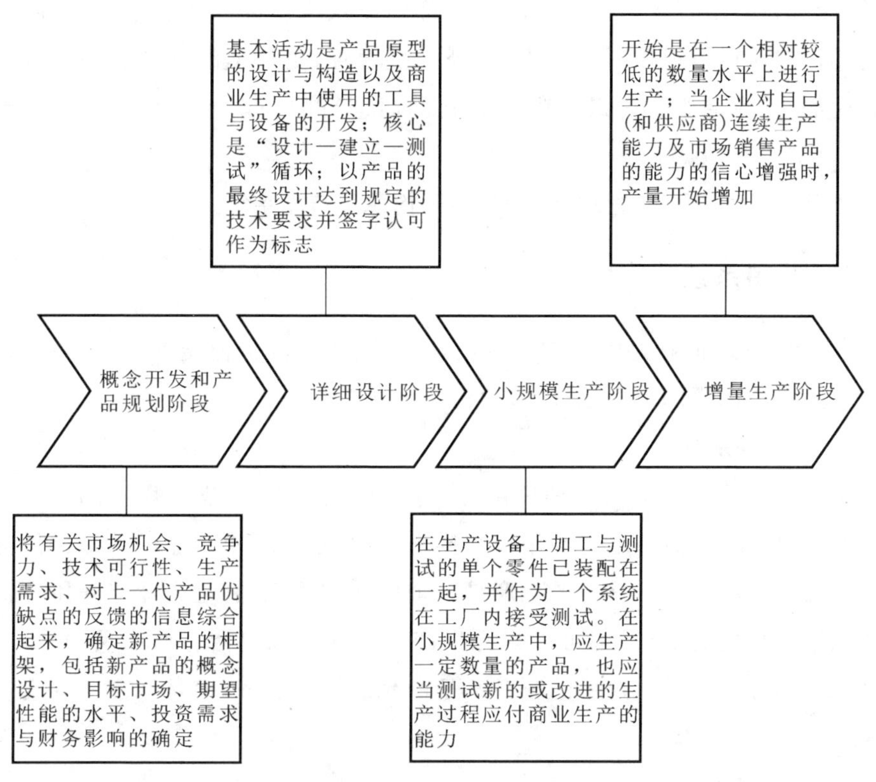

图 7-4　产品开发的流程

产品管理是公司为了管理一个产品或者产品线的产品计划、产品市场和产品生命周期所采用的组织架构，包括新产品开发、产品市场分析、产品发布、产品跟踪推广、产品生命周期管理等。产品管理是一个非常典型、强矩阵型的管理方式。

产品管理是一项引导企业整体文化和产品形象的多维管理程序。产品管理是企业发展策略和经营思想计划的实现手段，是产品形象与技术高度统一的载体。它是以开发、设计为龙头，正确调整企业的活动与产品结构线，创造出越来越具体化的属于产品自身的表现形式，从而逐渐形成企业产品与文化的形象。美国设计管理学会(Design Management Institute)董事长鲍威(Earl Powell)认为产品管理是“以使用者为着眼点，进行资源的开发、组织、规划与控制，以创制出有效的产品、沟通与环境”。

因此，产品管理就是根据用户的需求，有计划有组织地进行研究与开发产品的管理活动；是有效地积极调动设计部门以及生产部门的创造性思维，把市场与用户的认识体现在新产品中，以新的更合理、更科学的方式影响和改变人们的生活，并为企业获得最大限度的利润而进行的一系列产品策略与活动的管理。

产品的开发、生产、管理等过程，共同构成了产品系统。

三、营销系统

营销系统是企业为用户创造价值，实现与用户的价值交换，并最终获得销售收入和投资回报的主题系统，包含三个系统。

（一）生产系统

生产系统的目标功能就是提供可交换的产品、服务，满足用户的需求。企业要赚钱，要盈利，必须通过与用户交换来实现，这就要求企业必须提供能与用户交换的产品和服务。这里的生产是一个广义的概念，凡是企业能为用户提供具体效用和价值的活动，都可以视为生产。其内容既包括有形产品的生产，也包括无形服务的提供。这里的服务不是产品的销售服务，而是用户所寻求的价值满足。

（二）品牌系统

用户要购买某个企业的产品或服务，并不仅仅因为这个企业能够提供这种产品和服务，还因为他确信这个企业所提供的产品和服务，能够为他带来效用和价值满足。

品牌识别系统的目标功能就是谋求社会、用户对企业及其所生产经营的产品、服务的效用和价值的认知和认同，使用户对企业所提供的产品和服务产生购买欲望。

（三）销售服务系统

销售服务系统的目标功能，是全过程地为用户购买企业的产品和服务提供方便，方便用户了解产品、购买产品、使用产品。企业与用户进行交换获得销售收入需要通过销售服务系统来最终实现。

销售服务系统因受到企业外部环境多方面的影响，具有极大的随机性和不确定性。销售服务系统有如下特点：

（1）销售服务系统是一个动态的、有机结合的系统；

(2) 销售服务系统是一个灵敏的反应系统；

(3) 销售服务系统运作的好坏对企业的发展影响很大。

第三节 商业模式

商业模式是一个企业满足用户需求的系统，这个系统组织管理企业的各种资源(如资金、原材料、人力资源等)、作业方式、销售方式、信息、品牌和知识产权、企业所处的环境、企业的创新力等输入变量，形成消费者所需的产品和服务(输出变量)。简言之，商业模式就是公司通过什么途径或方式来赚钱。因此，商业模式具有自己能复制且别人不能复制，或者自己在复制中占据市场优势地位的特性。

商业模式设计犹如建筑的规划与图样，是企业运作与实操的前提与基础，因此商业模式设计的好坏直接影响着企业发展。随着市场需求日益清晰以及资源日益得到准确界定，创业者不断丰富和逻辑化创业机会，最终超越机会的基本形式，逐渐将其演变为创意(商业概念)，包括如何满足市场需求或者如何配置资源等核心计划。

一个好的创意既不是一个好项目的充分条件也不是必要条件，然而一个好的创意产生的项目却往往更加有趣。如果创业者为自己的创意找到了一个好的商业模式，就让它具备了赚钱的力量。那么如何把好的创意转化为好的商业模式呢？可考虑从以下几点入手。

(1) 一个创意堪比一个问题的解决方案，而一个解决方案能否赚钱，是由其带来的价值是否大于成本决定的。如果解决一个问题需要耗费比它带来的好处还多的资源，那就注定无法成功。用户买单的首要条件就是“得”多于“失”。能赚多少钱取决于满足的需求有多少，需求频率如何，以及用户的付费意愿与成本的差值。

(2) 创意可以“高大上”，但商业模式往往简单“粗暴”。创业者无论是分析自己还是别人的商业模式要有一种抽离的能力，就像分析一个物理现象时可以把各种复杂的物体看成是质点。例如，大部分经营化妆品或保健品的公司本质是广告公司，快餐类企业往往是靠压低供应链成本赚钱，各大投行的本质可能是中介。这些公司往往装饰着十分“高大上”的表面，其目的是遮盖那个本质运作的商业模式。创业者们需要懂得从自身创意中抽离出商业模式，然后分析其价值、可行性、需求和特点。抽丝剥茧后的基本商业模式实际上并不会太多。比如中介就要依靠信息不对称，信息不对称决定其收益率；比如开快餐店，尽管可能有新鲜的方案，但如果无法降低供应链成本，那么也会走向失败。

(3) 壁垒永远是创业者考虑商业模式时首要考虑的。但是，为了找而找往往是找不到壁垒的，壁垒是自然形成的。为什么有人看得到另一些人看不到？有些人擅长脑洞大开，但是浅尝辄止，那些值得为之探索商业模式的创意应该源于创始人对某些事物长期思考和体会而得到的一些不同寻常的见解。长期来看，新的创业机会大部分是由技术创新带来的，而商业化创意往往拼的是如何理解新技术给社会带来的变化。从这点上说，站在新技术出现的那个时间点上即使是技术人员也未必说得清楚。例如，互联网出现时，人们很难把它和上网买东西联系起来，即使有人说上网可以买东西，那时的人也不会相信，连在 2000 年左右的职业商人也觉得电商是很遥远的事情。但马云不仅相信这一点，而且抓住了机会，解决电商到来的最大问题——信任问题，通过支付宝使得电商成为现实。滴滴出行、ofo 共享单车这些曾经的初创团队能够在创业开始阶段持续发力，一定是创业者对技术能够给社会带来的影响早已有思考。从这点上说，在开启创业之路时，创业者所做之事是否基于对某个问题的长期观察思考，以及能否把它和当前的新兴技术联系起来，决定了创业的成功率。

(4) 如果不擅长分析用户需求，针对企业的需求进行创业也是可行的。比如攻克某个高新技术并将其完善，获得技术专利，然后将生产、销售等不擅长的环节外包给其他公司，从而完成创业。比如 Facebook，其创始人扎克伯格完成了 Facebook 的搭建，而后续的营销方案均由其他公司完成。但是，最好不要相信“没有需求可以培育和创造需求”这句话。

(5) 商业模式一开始要足够简单且环节足够少。根据“墨菲定律”，环节越多就越容易出错，应该短、平、快地抓住一个模式，然后去逐步拓展。如果创业者一开始就贪图框架的宏大，则往往眼高手低。所谓框架、局面、生态系统这些东西是在无数小事中，根据企业自己的特点来自然形成的。创业者要关注的是企业发展的过程，比如在订单中积累资源，而非设计最终要达到的那个结构。

(6) 商业模式的可扩展性。一个好的商业模式的价值不仅在于其能够解决的市场需求，更在于它可能结合的资源，以及在产业链中可能的进化轨迹。这一点可以理解为人们常说的资源整合。所以项目最终的价值等于直接解决的需求的价值与通过它融合的其他资源之和。

一、商业模式画布

亚历山大·奥斯特瓦德在《商业模式新生代》一书中，创建了商业模式画布模型。该模型认为商业模式描述了企业如何创造价值，传递价值和获取价值的基本原理。如图 7-5 所示，奥斯特瓦德将商业模式分为九个基本构造块，具体包括：用户细分、价值主张、渠道通路、用户关系、收入来源、核心资源、关键业务、重要合作、成本结构。这九个构造块覆盖了商业的四个主要方面，即用户、提供物(产品/服务)、基础设施、财务生存能力，可以很好地描述并定义商业模式。

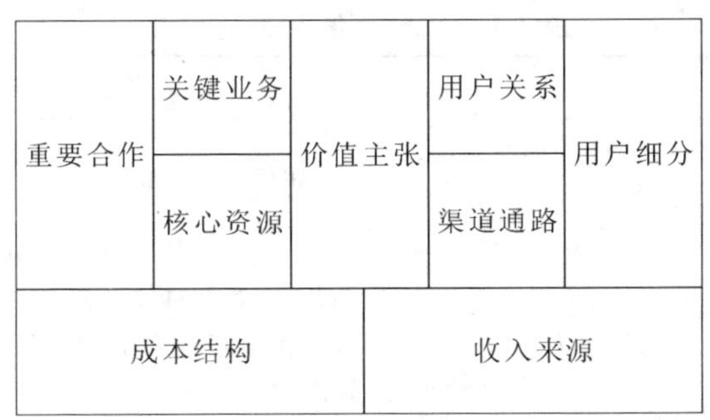

图 7-5 商业模式画布

(一) 用户细分

用户细分就是企业根据市场需求的多样性和用户购买行为的差异性，把全部用户划分为若干具有某种相似特征的用户群，以便选择确定自己的目标市场。

用户细分具有四点作用和五个标准，如表 7-2 所示。用户细分在建立商业模式时是十分必要的，也是建立商业模式的基础。创业者只有完成对用户的细分，才能找准自己产品的定位，并找到有利的目标市场。

表 7-2　用户细分的作用和标准

作用	标　　准
有利于巩固现有的市场阵地	市场细分足够大，即存在一定的需求规模，保证企业有利可图
有利于企业发现新的市场机会，选择新的目标市场	细分市场必须是可识别的，即营销组合可进入
有利于企业的产品适销对路	具有相对消费稳定性
有利于企业制定适当的营销战略和策略	与其他子市场存在差异
	企业具有竞争优势

（二）价值主张

价值主张是企业通过其产品和服务向消费者提供的价值，是用户选择一个企业而非另一个企业的原因，它解决了用户的困扰和满足了用户的需求。每个价值主张都包含可选系列的产品或服务，以迎合特定用户的需求。

企业制定"价值主张"的方法通常有三种：罗列全部优点、宣传有利差、突出共鸣点。每种方法均有优缺点，如表 7-3 所示。

表 7-3　制定"价值主张"的方法

方　　法	优　　点	缺　　点
罗列全部优点	直接将优点全部罗列出来，十分简便	产品的大多数优点对目标用户毫无益处
宣传有利差	突出了自身产品相较于其他公司的优点	某一产品或服务可能存在多个差异点，如果对用户需求和偏好缺乏深入的了解，企业可能会将工作重点放在那些对目标用户价值较低的差异点上
突出共鸣点	展示自己产品的优势，向用户证明这种卓越产品性能的价值	价值主张中可能会包含一个相似点

（三）渠道通路

渠道通路用来描绘企业是如何接触其用户细分群体而传递其价值主张的过程。沟通、分销和销售这些渠道构成了公司与用户的接触界面。渠道通路在用户体验中扮演着重要角色。

渠道通路包含以下功能：

(1) 提升公司产品和服务在用户群体中的认知；

(2) 帮助用户评估公司价值主张；

(3) 协助用户购买特定产品和服务；

(4) 向用户传递价值主张；

(5) 为用户提供售后服务。

(四) 用户关系

用户关系是指企业为达到其经营目标，主动与用户建立起的某种联系。这种联系可能是单纯的交易关系，可能是通信联系，也可能是为用户提供一种特殊的接触机会，还可能是为双方利益而形成某种买卖合同或联盟关系。

如图 7-6 所示，用户关系具有多样性、差异性、持续性、竞争性、双赢性的特征；而按照重要程度，用户关系可分为买卖关系、供应关系、合作伙伴、战略联盟四种。

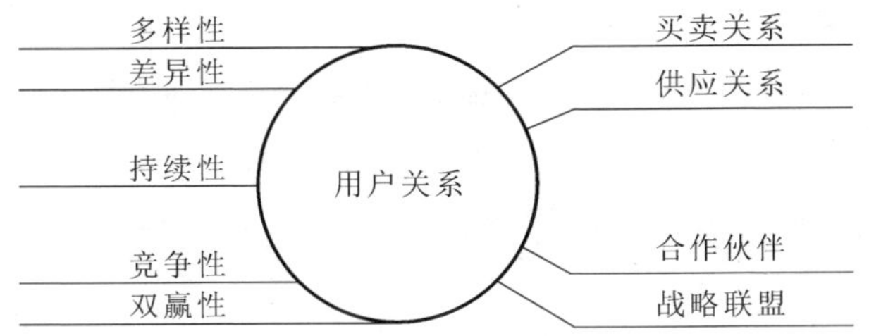

图 7-6　用户关系的特征和分类

用户关系不仅可以为交易提供方便，节约交易成本，还可以为企业深入理解用户的需求和双方交流信息提供机会。

(五) 收入来源

收入是指企业在日常活动中所产生的，会导致所有者权益增加的，非所有者投入资本的经济利益的总流入。如果用户是商业模式的心脏，那么收入就是商业模式的动脉。

企业必须找到能够让各个用户细分群体真正愿意付费的产品价值，才能在各个用户细分群体上发掘一个或者多个收入来源。

收入来源多种多样，可按照不同的标准划分为不同的类型。常用的分类标准如下。

(1) 按企业从事日常活动的性质分类，收入来源可分为销售商品收入、提供劳务收入、过渡资产使用权收入、建造合同收入。

(2) 按企业从事的日常活动对企业的重要性分类,收入来源可分为主营业务收入和其他业务收入。

收入具有以下特征:

(1) 收入从企业的日常活动中产生,而不是从偶发的交易或事项中产生;

(2) 收入是与所有者投入资本无关的经济利益总流入;

(3) 收入必然能导致企业所有者权益的增加;

(4) 收入只包括本企业经济利益的流入,不包括为第三方或用户代收的款项。

(六) 核心资源

核心资源是保证商业模式有效运转的最重要因素。每个商业模式都需要核心资源,这些资源使得企业组织能够创造和提供价值主张,接触市场,与用户细分群体建立关系并赚取收入。不同的商业模式所需要的核心资源也有所不同,如微芯片制造商需要资本集约型的生产设施,而芯片设计商则更加关注人力资源。

如表 7-4 所示,核心资源可以分为实体资产、知识资产、人力资源或金融资产等。此外,核心资源既可以是自有的,也可以是企业租借的或从重要伙伴那里获得的。

表 7-4　核心资源的分类

名　称	内　容
实体资产	包括实体的资产,诸如生产设施、不动产、汽车、机器、系统、销售网点和分销网络等
知识资产	包括品牌、专有知识、专利和著作权、合作关系和用户数据库,这类资产日益成为强健商业模式中的重要组成部分
人力资源	任何一家企业都需要人力资源,但在知识密集和创意等产业中,人力资源是至关重要的
金融资产	需要金融资源抑或财务担保,例如现金、信贷额度或用来雇用关键雇员的股票期权池

(七) 关键业务

关键业务是企业必须做的最重要的事情,用于确保其商业模式的顺利进行。任何商业模式都需要多种关键业务,这些业务是企业得以成功运营所必须实施的最重要的内容。

关键业务可以分为以下几类。

(1) 制造产品:设计、制造、生产一定数量或满足一定质量的产品。

(2) 解决问题:为用户的问题提供解决方案,如咨询公司、医院等。

(3) 平台/网络:网络服务、交易平台、软件,甚至品牌都可以看成是平台。此类商业模式的关键业务与平台管理、服务提供和平台推广相关。

(八) 重要合作

企业基于多种原因需要合作,合作关系正日益成为许多商业模式的基石。很多企业创建联盟来优化其商业模式、降低风险或获取资源。

可以把合作关系分为以下四种类型:

(1) 在非竞争者之间的战略联盟关系;

(2) 在竞争者之间的战略合作关系;

(3) 为开发新业务而构建的合资关系;

(4) 为确保可靠供应的购买方-供应商关系。

有助于创建合作关系的三种重要动机有:商业模式的优化和规模经济的运用、风险和不确定性的降低、特定资源和业务的获取。

(九) 成本结构

创建价值、提供价值、维系用户关系,以及获得收入都会产生成本。这些成本在确定关键资源、关键业务与重要合作后可以相对容易地计算出来。然而,有些商业模式,相比其他商业模式更多的是由成本驱动的。例如,那些号称“不提供非必要服务”的航空公司,是完全围绕低成本结构来构建其商业模式的。成本结构的分类及相应特点如表 7-5 所示。

表 7-5　成本结构的分类

名　　称	特　　点
固定成本	不受产品或服务的产出业务量变动影响而能保持不变的成本,例如,薪金、租金、实体制造设施
可变成本	伴随商品或服务产出业务量而按比例变化的成本
规模经济	企业享有产量扩充所带来的成本优势。例如,规模较大的企业从更低的大宗购买费用中受益。随着产量的提升,这个因素和其他因素一起,可以引发平均单位成本下降
范围经济	企业由于享有较大经营范围而具有的成本优势。例如,大型企业同样的营销活动或渠道通路可支持多种产品

成本结构有两种类型:成本驱动和价值驱动。

成本驱动型的商业模式侧重于在每个地方尽可能地降低成本。其目的是创造和维持最经济的成本结构，采用低价的价值主张、最大限度自动化和广泛外包。

价值驱动型的商业模式则以增值型的价值主张和高度个性化服务为特征。比如有些企业不太关注特定商业模式设计对成本的影响，而专注于创造价值。豪华酒店的设施及其独到的服务都属于这一类。

二、商业模式的基本式样

（一）非绑定式商业模式

1. 式样介绍

约翰·哈格尔三世提出了“非绑定式公司”的概念，他认为企业是由经济驱动因素、竞争驱动因素和文化驱动因素等完全不同类型的业务组成，这些业务可以分为用户关系型业务，产品创新型业务和基础设施型业务。这三种类型可能同时存在于一家企业里，但是理论上将它们“分离”成为独立的实体，以避免冲突或不利的权衡妥协。坚持以下价值信条：产品领先，亲近用户，卓越运营。

哈格尔认为，用户关系型业务的职责是寻找和获取用户并与他们建立关系，产品创新型业务的职责是开发新的和有吸引力的产品和服务，而基础设施型业务的职责是构建和管理平台。

2. 式样画布

非绑定式商业模式画布如图 7-7 所示。

<table>
<tr><td rowspan="2">重要合作：
其他产品供应商</td><td>关键业务：
（1）咨询；
（2）产品研发；
（3）平台管理</td><td rowspan="2">价值主张：
（1）服务导向；
（2）产品创新；
（3）基础服务</td><td>用户关系：
亲密的用户关系</td><td rowspan="2">用户细分：
（1）富有的个人和家庭；
（2）私人银行；
（3）独立财务咨询师</td></tr>
<tr><td>核心资源：
（1）品牌；
（2）用户；
（3）平台</td><td>渠道通路：
强力渠道</td></tr>
<tr><td colspan="2">成本结构：
（1）平台管理；
（2）研发人力资源；
（3）人力成本</td><td colspan="3">收入来源：
（1）管理咨询费；
（2）产品和绩效；
（3）交易费用</td></tr>
</table>

图 7-7　非绑定式商业模式画布

3.式样特点

（1）从第三方获得产品和服务创新、基础设施。

（2）核心资源是用户。

（3）所有构造要素模块，都是为了理解和服务用户或建立良好的用户关系而量身定制的。

（4）用户获取和保有成本占了主要部分，包括品牌和营销开销。

（5）大规模的用户份额，产生收入。

（二）长尾式商业模式

1.式样介绍

长尾式商业模式的核心是多样少量企业聚焦于为利基市场提供大量的产品，每种产品相对而言数量很少。长尾式商业模式需要低库存成本和强大的平台，并使得利基产品对于兴趣用户来说容易获得。

长尾式概念是由克里斯·安德森提出的，描述了媒体行业从向大量用户销售少数拳头产品，到销售数量庞大的利基产品的转变。

生产工具大众化、分销渠道的大众化和连接供需双方的成本下降，三个驱动因素诱发了长尾式商业模式。

2.式样画布

长尾式商业模式画布如图7-8所示。

<table>
<tr><td rowspan="2">重要合作：
利基内容供应商</td><td>关键业务：
（1）平台开发和维护；
（2）利基内容的获取和生产</td><td rowspan="2">价值主张：
（1）提供宽泛非拳头产品；
（2）可和拳头产品共存；
（3）促进用户自生成内容</td><td>用户关系：
（1）网络社区；
（2）在线交流</td><td rowspan="2">用户细分：
利基用户</td></tr>
<tr><td>核心资源：
平台</td><td>渠道通路：
互联网</td></tr>
<tr><td colspan="3">成本结构：
平台开发和维护</td><td colspan="2">收入来源：
（1）大量产品带来小额收入的集合；
（2）广告、销售或订阅</td></tr>
</table>

图7-8 长尾式商业模式画布

3.式样特点

与传统的，争抢在市场上占少数的、单体利润大的大用户的企业不同，实施长尾战略的企业聚焦于市场上数量大且单体利润小的各类不同的中小用户。因此长尾式商业模式较适合零售类企业、中间商等。

（三）多边平台式商业模式

1. 式样介绍

多边平台将两个或者更多有明显区别但又相互依赖的用户群体集合在一起。只有相关用户群体同时存在的时候，这样的平台才具有价值。多边平台通过促进各个用户细分群体之间的互动来创造价值。

2. 式样画布

多边平台式商业模式画布如图 7-9 所示。

<table>
<tr><td rowspan="2">重要合作：
(1)物流快递公司；
(2)银行</td><td>关键业务：
(1)平台管理；
(2)服务提供和平台推广</td><td rowspan="2">价值主张：
(1)吸引用户；
(2)作为用户细分群体的媒介；
(3)降低成本</td><td>用户关系：
一般用户关系</td><td rowspan="2">用户细分：
多个用户细分群体</td></tr>
<tr><td>核心资源：
平台</td><td>渠道通路：
多种渠道</td></tr>
<tr><td colspan="2">成本结构：
平台开发和维护</td><td colspan="3">收入来源：
(1)广告收入；
(2)平台管理费</td></tr>
</table>

图 7-9　多边平台式商业模式画布

3. 式样特点

(1) 拥有两个以上的用户细分群体。

(2) 每个用户细分群体都有自己的价值主张和收入来源。

(3) 每个用户细分群体都是相互依存的。

（四）免费式商业模式

1. 式样介绍

免费式商业模式中至少有一个庞大的用户细分群体可以享受持续的免费模式。免费服务可以来自多种模式。企业通过该商业模式的其他用户细分群体给非付费用户细分群体提供财务支持。

2. 式样画布

免费式商业模式画布如图 7-10 所示。

<table>
<tr><td rowspan="2">重要合作：
流量平台</td><td>关键业务：
平台开发和维护</td><td rowspan="2">价值主张：
(1)基础的免费服务；
(2)付费服务</td><td>用户关系：
(1)自动化；
(2)低成本</td><td rowspan="2">用户细分：
(1)大规模的基础免费用户；
(2)小规模的付费用户</td></tr>
<tr><td>核心资源：
平台</td><td>渠道通路：
(1)网站；
(2)广告</td></tr>
<tr><td colspan="3">成本结构：
(1)固定成本；
(2)提供增值服务的成本；
(3)提供免费服务的成本</td><td colspan="2">收入来源：
免费基础服务带来的增值付费服务收入</td></tr>
</table>

图 7-10　免费式商业模式画布

3. 式样特点

(1) 平台是关键的资产。

(2) 用户关系是自动化和低成本的，大量免费用户。

(3) 经营度量标准是免费用户转换为付费用户的转换率。

(五) 开放式商业模式

1. 式样介绍

开放式商业模式可以用于通过与外部伙伴系统性合作来创造和捕捉价值的企业。这种模式可以是由外到内，将外部伙伴的创意引入到企业内部；也可以是由内到外，将企业内部闲置的创意和资产提供给外部伙伴。

2. 式样画布

开放式商业模式画布如图 7-11 所示。

<table>
<tr><td rowspan="2">重要合作：
(1)创新伙伴；
(2)研究社区</td><td>关键业务：
(1)扫描；
(2)管理网络；
(3)开发市场</td><td rowspan="2">价值主张：
购买创新</td><td>用户关系：
(1)下属；
(2)收购；
(3)保留</td><td rowspan="2">用户细分：
(1)二级市场的用户；
(2)外部研究者</td></tr>
<tr><td>核心资源：
(1)扫描；
(2)获得；
(3)接入网络</td><td>渠道通路：
专利池</td></tr>
<tr><td colspan="3">成本结构：
外部研发成本</td><td colspan="2">收入来源：
授权费用</td></tr>
</table>

图 7-11　开放式商业模式画布

3. 式样特点

（1）来自完全不同行业的外部组织可能会提供有价值的见解、知识、专利，或者对内部开发团队来说是现成的产品。

（2）企业借助外部知识，需要将外部实体和内部业务流程、研发团队联系在一起进行专门的业务活动。

（3）从外部资源获取的创新具有一定的成本，但是利用外部已经创建的知识和在高级探究项目的基础上的研发，企业可以缩短产品上市前的时间，并提高内部的研发效率。

三、商业模式设计理念

企业要设计一个完善的商业模式必须借助有效的分析手段，牢牢把握商业模式的四大要素：用户、产品、价值链、利润屏障。

如图 7-12 所示，在设计商业模式时，要先以用户为立足点和出发点，把握用

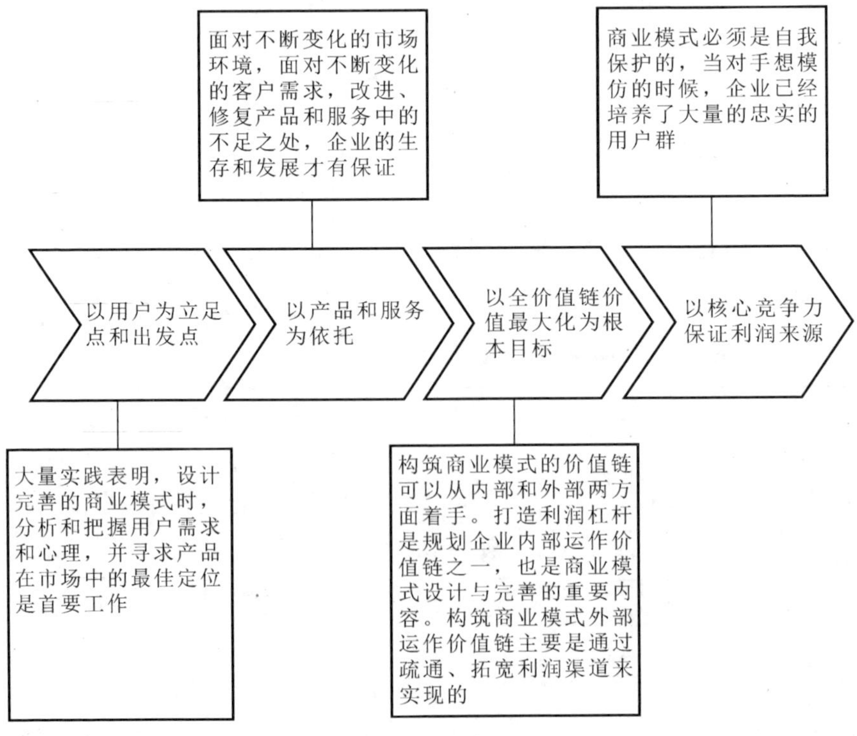

图 7-12　商业模式设计理念图

户的需求，并使用户数量形成一定的规模。再以产品和服务为依托，针对目标用户群的需求和偏好，不但要为用户创造价值，更要为企业创造价值。然后以全价值链价值最大化为根本目标，将资源集中于最能反映企业相对优势的领域，构筑自己的竞争优势，获得使企业持续发展的能力。最后以核心竞争力保证利润来源，防止竞争者掠夺企业的目标用户，保护企业利润源不被竞争者侵食、利润点不遭淘汰、利润杠杆不易模仿。

四、商业模式设计流程

（一）明确企业的基因

一个企业最终的生存质量和经营质量，不仅取决于企业自身，也取决于企业所处的环境。更进一步地说，一个企业的核心部分，难以改变的部分也就是企业的基因；这个基因能不能发育好，取决于它所处的环境。就好比，若将树苗种在沙漠中，树苗可能会因为缺水而无法生长；但在阳光、雨水充足的环境里，它就可能长成参天大树，甚至形成一片森林。这就是商业模式下企业和环境之间的关系。

另外，商业模式创新的起点，是从企业自身基因开始，而不是从发现市场需求开始。在传统思维下，创新是从市场研究开始；也可以说，从市场上找到一个未被满足的，或者用户抱怨声比较高的“点”，满足这些未被满足的市场需求，就构成了创新的起点。

企业的基因从企业的创业期结束开始形成。企业基因指企业对外界产生的内在的、固化的反应模式。

企业基因存在的典型证据：不管一个企业存在了五年、十年，甚至更长时间，其主销产品一般情况下都应该是该企业度过创业期后创造的第一款产品，也是企业真正的核心产品；后来企业可能又陆续开发了几十款新的产品，但是企业主要销售额的来源依然是最开始的那款核心产品，或者依然保留着最初的核心产品很明显的影子。

企业基因最关键的两大特征：第一个特征是企业本身都有一个内在的、固化的基因；第二个特征是这个基因本身无所谓好坏，但是这个基因所处的环境是非常重要的。

企业根据其基因的特征从而确定商业模式的入手点：通过重构企业与外界

的关系，为自身基因构建出更加有利的生存环境。所以商业模式设计的第一步，一定是从企业的基因开始。

（二）发现新的价值空间，进入无人之境

发现新的价值空间是一种什么感觉？就如同拿着海盗的藏宝图，翻山越岭，来到埋藏宝藏的地点后发现金银财宝数不胜数，而且无人争抢。更通俗的说法是，进入新的价值空间后，会有许多用户拿着钱等着买单，并且没有人竞争，这是一种非常美妙的境界。

发现新价值空间最关键的两点：要确认找到的价值空间是真实的；一个真实的价值空间一定是一体两面的，同时存在用户得益和企业利益。

因此，创业者进入新的价值空间，有两个非常明显的特点：

(1) 有着非常丰厚的利润，并且对应着用户非常强劲的需求；

(2) 无竞争者，如入无人之境。

（三）破解价值锁，开启宝藏之门

就像童话故事《阿里巴巴和四十大盗》：四十大盗发现宝藏，但是他们没有办法打开宝库的大门，于是他们带着阿里巴巴一起去开启大门；阿里巴巴恰好知道这个密码；当他念对这个密码，门才会打开，才能拿出里面的宝藏。

这个故事里有两个关键点：

(1) 明白锁芯的内部结构；

(2) 找到那把开锁的钥匙。

因此，破解价值锁是整个商业模式创新设计最困难的一步。要认真研究面对的这把"锁"。以蔬菜的损耗为例。第一步，研究到底是什么造成了损耗；在哪些条件满足的情况下，能够让蔬菜损耗下降。第二步，把造成这个损耗的原因(真实的)全部罗列出来。第三步，对着这些原因依次寻找解决方案。这就是"配钥匙"的过程。当"配出钥匙"是正确的，就能打开这把"锁"，进入"宝藏"之门。

所配的"钥匙"会分成如下两个部分。

(1) 第一个部分叫做运营系统，就是整个生产流程，这个生产流程一定是重新组织过的，跟以往不一样的。

(2) 第二个部分是营销流程，即在进入新的价值空间后，企业怎样把这些"宝藏"呈现给用户，怎么向用户介绍"宝藏"。这个方式是全新的，前所未有的。

最典型的例子就是UBER。UBER是全球第一个发现社会车辆有许多闲置的创新型企业。它研究了车辆闲置的原因,也找到了解决的方法,使得车主愿意把自己的闲置时间,闲置车辆贡献出来,并参与到经营型的运输过程中。UBER的APP做得非常好,使用起来非常简单,使得不管是坐车的一方,还是提供车辆的一方,体验都非常好。之后UBER的营销也都是紧紧围绕这个方向进行的。

(四)再造收入成本与结构

商业模式成功带来的巨大效果就是利润率的极速提升。

假设现在的利润率是10%~15%,而企业希望通过商业模式改造,使利润率上升,能够达到30%~40%。但是,如果企业和用户、供货商之间只是简单的线性买卖关系,那么不管前三步做得有多好,其利润率都将难以超过30%。而如果做复杂多层次的复合关系买卖,就有可能把利润率拉到30%以上。这个过程就是再造收入与成本结构。

首先,收入与成本都是线性的、单维的。如何再造收入与成本结构呢?答案就是企业要有多级层次的收入,除了销售商品和服务的收入外,还要有第二层次、第三层次,或更多层次的收入。

同样,成本也是一样,传统的简单线性买卖关系下,原材料成本很难做出调整。当变成多层次复合关系之后,一部分成本就有可能转移出去。更深入的理解是:由于企业之间的社会关系大部分都是简单的线性买卖关系,因此大量的工作在上游和下游之间重复,即同样成本结构的工作,不同的企业都要做。企业在改进成本结构时,可找到不同的公司进行,这些公司可能是不同领域的,但是在某一项成本结构上是完全相同的,这样可以把重合的这部分成本叠加掉。在这个过程中,对参与的每一家公司而言,成本都会下降。这就是成本结构的改造。

最典型的例子:传统的电能出售转化为能耗管理。传统的电能出售是线性关系;能耗管理就是企业采用物联网、云计算、数字传感等先进技术,实时、全面、准确地采集用户水、电、气等各种能耗数据,动态分析能耗状态,辅助制定并不断优化节能方案,智能控制耗能设备的最佳运行状态,从而使各用户的支出成本最小化等一系列过程。

(五)从产品到生态系统升维

这一是从最小生态系开始,叠加进能够找到的新的利益相关方,使得企业自身的生态系统逐步扩张。这个过程有三个关键点:①一定是从最小生态系统始;②要依序添加生态角色;③识别真正的利益相关方(生态角色)。

当生态系统搭建完成后,生态系统会自动扩张。这个时候企业就进入一个"无人驾驶"的状态。这标志着企业的商业模式设计已完成,它从单维的关系上升到了三维、四维、五维……维度越高,企业对竞争对手进行降维打击的能力就越强,从而提高了自己的竞争能力。

五、商业模式基本要素

商业模式一般具有价值定位、目标市场、销售和营销等9个基本要素,如表7-6所示。

表7-6　商业模式基本要素

分类	说　明
价值定位	价值定位必须清楚地定义目标用户、用户的问题和痛点、独特的解决方案,以及从用户的角度来看,这种解决方案的净效益
目标市场	目标市场是创业公司打算通过营销来吸引,并向他们出售产品或服务的用户群。这个细分市场应该有具体的人数统计以及购买产品的方式
销售和营销	口头演讲和病毒式营销是接触用户最广泛的方式,但是用来启动一项新业务还是远远不够的。创业公司在销售渠道和营销提案上要做得具体一些
生产	对于生产产品或服务,常规的做法有自制作、外包或直接买现成部件。关键问题是进入市场的时间和成本
分销	有些产品和服务可以在网上销售,有些产品需要多层次的分销商、合作伙伴或增值零售商销售。创业公司要规划好自己的产品是只在当地销售还是在更大范围内销售
收入模式	要向团队和投资人解释清楚如何定价,收入现金流是否会满足所有的花费,包括日常开支、售后支持费用和回报
成本结构	创业者只关注直接成本,低估了营销和销售成本、日常开支和售后成本。在计算成本时,可以把预估的成本与同类公司发布出来的报告对比一下
竞争	没有竞争者很可能意味着没有市场,但有10个以上的竞争者则表明市场趋于饱和,创业者需要扩展开来想一想
市场大小、增长情况和份额	创业者应考虑:产品的市场有多大?是在增长还是在缩小?能获得多少份额?

一个可行的有投资价值的商业模式是创业者需要在商业计划书中强调的重要内容之一。事实上,没有商业模式,创业就只是一个梦想。

六、成功商业模式的基本特征

(1) 成功的商业模式要能提供独特的市场需求价值。有时候这个独特的价值可能是新的思想,而更多的时候,它往往是产品和服务独特性的组合。这种组合要么可以向用户提供额外的价值;要么使用户能用更低的价格获得同样的消费需求,或者用同样的价格获得更多直接或间接的满足。

(2) 成功的商业模式是难以模仿的。企业通过自己对用户的贴心服务,无与伦比的策划和实施能力等来提高行业的准入门槛,从而保证利润来源不受侵犯。比如直销模式,人人都知道其如何运作,也都知道戴尔公司是全球直销企业的标杆,却很难复制戴尔的直销模式,原因在于其"直销"的背后,是一整套完整的极具特色的营销策略、企业资源和生产流程。

(3) 成功的商业模式需要脚踏实地。企业要做到收支平衡,这看似平常,但要想年复一年、日复一日地做到,却并不容易。现实中的很多企业,不管是传统企业还是新型企业,对于自己的钱从何处赚来,为什么顾客看中自己企业的产品和服务,现有的顾客有多少实际上不能为企业带来利润、反而在拉低企业的收入等关键性问题,都没有进行分析、总结,更谈不上有针对性地出台应对机制和解决方案。

第四节　样本市场测试

在正确定义目标用户、找准用户需求后,企业就要根据消费者的需要来生产相符的产品,并结合市场上现有的相关产品比较分析自身产品的优势和劣势,从而对新产品的未来市场竞争状况进行评价。评价的结果在很大程度上预测了新产品的市场前景。当然,这些评价在总体上还是属于主观分析判断的结果。要提高新产品开发的可靠性和成功率,还必须对新产品进行样本市场测试,即将新产品投放到市场中使其接受消费者的客观评价。

一般而言,新产品总是在具有"领头羊"地位的市场(一般是某些可反映广大消费者消费状况的主要城市或城镇)上进行测试。显然,如果该产品在这些市场中销路很好,就可以在全国范围内投放或公开亮相。但是,如果产品并不被消费者所接受,那就必须尽快发现产品的缺陷并加以改进,甚至有时也许不得不放弃该新产品。目前,市场测试的主要方法为试销法。

一、试销的目的

试销的不同形式都可产生许多有用的信息,许多部门正是利用这些有用信息开展各自的工作的。例如,法律顾问部门可能进行商标混合测试;包装部门想要找出各色包装的利弊;顾客服务部门则想知道能用于维修的测试方法;等等。这些只是试销的次要目的,其真正目的如下。

(1) 得到需求量的可靠预测,而不是那些能指导早期计划的一般性市场数据和可能的市场份额。计划者在此时要做一个正式和最终的经济分析,但产品销售量是企业收益表中最基本的未知量。试销正是为解决这一问题而进行的工作。

(2) 得到有益于修订和完善市场营销计划的诊断性信息。在制定中场营销计划时,计划部门内部常会发生争论,而且有些看起来是次要的方面在此时显得越来越重要了。这方面不乏实例,如:① 吉百利公司(Cadbury)以密封包装向市场推出一种新型鲜奶点心时,因零售商抱怨其不易堆放而不得不改变包装;② 一种能掩饰疤痕的化妆品如预期的那样销售情况很好,但当妇女们用它来掩饰脸上的雀斑时,其市场就变得更大了。

(3) 进一步完善产品要素,如包装、商标、规格等。

二、试销的模式

目前常见的方法有五种。态度调查和销售波动测试两种方法应用于试销的早期,与产品使用测试相重叠,而且不需要使用市场营销计划。实验室试销、控制性销售和市场试销则需要市场营销计划的指导,且在试销后期进行。

(一) 态度调查

一个精细的态度调查不应当只是一种概念测试。其战略和战术内容包括市场目标、产品定位、促销主体以及产品的定价等方面的问题。

态度调查的工作程序是向潜在用户传达产品的类型及其用途等信息,从而获得用户对该产品的普遍看法，接着进行产品定位，并从目标市场中挑选出要测试的因素。在调查中，要向用户展现实际产品、产品价格以及维修服务，并回答用户提出的所有问题。

用这种方法得到的销售量预估虽没有后面要讨论的方法得到的多，但与实际的相符度优于其他方法得到的。

（二）销售波动测试

销售波动测试不仅要考查受试者的现行意向，还要研究其持续情况以及最终接受水平，即试用和重复购买的水平。

这种测试方法的进行通过多种形式（如研讨会等）与那些潜在用户发生联系，然后向这些用户解释产品的用途及使用方法，接着向他们提供一些试用品。在通常的试用期结束之后，再同这些人取得联系，此时，这些用户可能会购买这种产品。随后销售的波动情况可提供企业所要寻求的多种信息。测试中产品的发送有时是由人员来完成，但通常是通过邮寄或电话通知来完成。

销售波动测试不具有实验室试销那样的完备性和控制性，但它还是超越了只对基本购买动机进行研究的范畴。如果企业认为购买者不会再有其他的实际购买行动，那么就得对测试费用、测试时间、样本代表性等问题做详尽的研究并加以解决。

在工业品行业中早就有与此方法类似的活动，具体方法是销售人员去拜访一些用户，向他们介绍新产品，并且拿出少量产品让他们试用，接着向这些用户征求订货。

然而，某些使用销售波动测试对员工的工作进行评价的管理者们坚信，这种方法只适用于那些周期长的非持续性产品。尽管销售波动测试目前被广泛采用，但众多管理者仍然喜欢使用实验室试销方法来试销更常规、重复使用更快的产品。

（三）实验室试销

实验室试销这一名称其实是不适当的，因为它会使人联想到技术实验室。实际上它是一个市场营销实验，与科学技术人员完全无任何关系。用“实验室”一词是为强调它是一种控制性测试活动，从而将它同概念测试及一般的调查活动区分开来。

实验室试销要在类似真正市场环境的实验室中模拟全面的试销活动，实验室环境通常选择某一中心定位（如购物中心等），行为的模拟（数学模型）应能反应在全面试销下的情况，至少要涉及某些基本的变量。虽然实验室试销不能达到开发者所要求的严格形式，但其可以从市场研究中得到预测性和判断性的数据，因此实验室试销具有一定的应用价值。

美国 YS&W 公司采用了实验室试销来开展它的评价活动，并把这种方法简称为 LTM（laboratory test market）。该公司在全国各地都有自己的或租赁的实验室设备，在那里，公司能把其新产品设想首先向消费者公开，同时获取他们的反应。该公司还有一些能在中心商场地带建立的流动实验室，并通过用户试用、与用户交谈、用户重复购买等行为来分析市场。具体的过程如下。

(1) 选取那些在商场中购物或闲逛的人作为受试者，首先要征得他们对接下来要他们配合进行试销活动的允许。

(2) 让这些受试者单独观看半小时有关新产品的电视节目，并要求他们在结束后对此做出回忆。

(3) 将他们引入一个简易的小型食物（或药品）商店，在商店中陈列着该公司正在测试的新产品，并给受试者一定的现金（如 1.5 美元），让他们去购买他们想要的商品。

(4) 在受试者购物结束后，让他们参加一个焦点访谈会议或填写一张问卷，记录他们对新产品的意见，方便后期的分析。

(5) 测试结束后，在受试者离开前，送给那些没购买测试新产品的受试者一个样品。

YS&W 公司声称运用这种方法对 200 种新产品进行了预测，成功的概率为 92%。其他一些公司也证明这种方法的成功率是很高的。

实验室试销具有综合性和可控性，它整个过程是在营销人员的控制下进行的，前提条件是促销、分销及企业同顾客之间的关系等变量一定，需结合销售波动测试，才能得到顾客重复购买率等信息。

同时，这种方法能提供值得信赖的数据，尤其当模型参数已由先前的工作得到时，其效果可能会更好。如果产品是前所未有的全新产品，并且没做过广告宣传，并由零售商进行销售，顾客的购买行为也只是基于一时冲动，或者产品是某种季节性的，那么实验室试销是无作用的。

实验室试销对产品线扩展和改善产品性能非常适用。这时在产品类型和消费行为之间需建立联系。此外，这种方法需买方企业给研究企业提供来自其他研究的数据，这常常使新参加者明显处于一个不利的地位。

罗伯特·拉维奇(Robert Lavidge)，综合模拟系统的发明者，指出了7种错误地使用实验室试销的形式，现列举如下：

(1) 错误地确定目标对象；

(2) 利用受试者对产品的态度来决定新产品的命运；

(3) 过高估计销售可达到的水平；

(4) 测量超出其准确范围的销售量；

(5) 在产品开发周期的早期就使用这些模型；

(6) 在测试开始时没有确定测试目标；

(7) 依赖在测试中心受试者的购买情况对产品进行评价。

(四) 控制性销售

控制性销售是一种可用来收集用户购买行为和重复购买行为以及用户态度和产品使用感受等数据的可靠性很高的方法。它是虚拟销售的发展，不是作为一种测试市场的较廉价的方法而产生的。市场和市场营销计划不属于这种测试方法的范畴。

控制性销售技术的内容比较广，这主要是由市场研究机构在寻找产品系列的主要区别时所表现出的强大的创造力而形成的。

1. 测试方法

使用商品目录是控制性销售测试最简单的方法。这个目录可以是已有的商品目录，也可以是针对测试目的而设立的特殊目录。促销活动虽受产品目录的限制，但它仍是一种销售测试活动。为获得诸如产品何时使用、怎样使用和用户对产品的喜爱程度等的反馈信息，测试人员可能需要与用户进行面对面的交谈。

控制性销售测试的第二种方法是采用相当于流动性商品目录的售货车。有的企业甚至买来一些售货车，经过装修后把它们交给下属的小型市场研究机构使用。售货车实质上是一家装有各种主要商标产品的流动商店，它类似使用邮寄产品目录的广告宣传方法，每周都进行送货上门的服务。此方法的一种变形就是推销人员定期去拜访用户，通过一些样品和产品目录进行推销活动。这也是新产品在完全受控的情况下进行宣传和销售的一种方法。通过这种方法，企业可以了解产品的市场份额、用户重复购买率以及用户对这种产品的态度等情况。

控制性销售测试的第三种方法是把控制性销售法应用到一家商店上，有时实际上是商店的新产品销售部门。企业把产品交给这些零销商，有时还辅以产品展销的方法，通过了解产品的销售情况来获得所需的各种信息。另一种方式是采用一组商店来开展这种工作，这些商店应由与它们有直接联系并为之服务的市场研究机构进行统一的管理。这些商店可以是在同一城市内，但一般情况下它们是分散在几个城市里的，在企业不打算通过控制性销售从代表样品中获取设计数据时也是如此。

2.选择标准

控制性销售的一些相关选择标准的制定是视制造企业的分销能力、由控制性竞争导致的潜在危害以及时间和资金的分配而定的。大多数消费商品生产厂家都愿采用控制性销售方法，但工业企业却很少采用。企业是否采用控制性销售方法需要对要调查和评价的对象进行清晰的描述，并将此方法与其他方法进行比较。例如，控制市场销售的主要优点是它并不关心企业原有的销售模式，这一特点对某些销售商极为适用，但对另一些并非如此；另外，它对大量使用广告的企业也不适用(因为限制了产品可用性)，并会排斥某些开发者。

（五）市场试销

市场试销一词已为广大新产品开发者所接受，它是指在一个假定的具有代表性的分片市场中对产品进行销售预演。市场试销是一个整体市场的缩影，并对中场营销总体规划进行测试，因此它同试销的早期形式是不同的，它必须对所有的变量予以考虑，其中包括竞争和贸易。市场试销也对产品在全国范围内的销售可行性进行测试。

近年来由于新产品投入市场失败而导致的费用损失提高得特别快，因此企业有必要使市场营销方法变得更为有效些。如今市场试销的目的已完全不同于最初的目的。最初的市场试销主要用来预测新产品的盈利额，从而决定是否要在全国范围内进行新产品的销售。如今企业已经对是否该进行全国范围销售的问题有了答案，更进一步地，企业想知道该如何把产品销售的工作做得更好些。当然，如果企业不能找到使工作日趋完善的方法，那么就得取消在全国范围内进行销售的活动。

市场试销在某些情况下带有强制性，但在有些情况下，它又显得不切实际。因此，企业需综合考虑试销的方法，确定产品的顾客接受度。

三、试销的基本原则

用于试销的方法有许多种，从最为简单的告诉用户产品的用途并要求他们购买的调查方法，到全面的市场试销测试。各种方法的性质、成本及其效果都是不相同的，各有独特使用的场合。各种方法都有其采用的特定理由，而且不能随意地跳过一个必需的测试环节。

试销最终要达到的目的就是突出产品的市场营销战略并寻求做好这一工作的方法，是否要全面投放产品不是这步工作的任务。这也增加了新产品管理者的负担。试销工作极其困难，而且还很复杂，因为其牵扯到数量很多的人员。可以说，试销是对管理者和产品本身的测试。

对产品进行试销时应遵循以下原则：

(1) 选择试销市场时需兼顾特殊性和普适性，选择顾客群基础好的和大众化的，不选择顾客群基础差的市场或特大城市。

(2) 根据产品定位确定试销范围，以保证试销结果的准确性，降低试销成本。比如终端型产品，试销范围选择一个城市即可，而广告型产品则需在全省范围内进行试销。

(3) 尽管是试销，也需充分调动企业资源，保证试销的快速推进。

(4) 成立专门的试销管理小组，持续跟进整个过程，保证试销的顺利进行。

(5) 建立数据分析小组，不断对试销数据进行分析地，从而修正对顾客价值的定义，完善试销方案。

本章小结

本章主要讲述了创业过程中的关键步骤。首先，根据三度交集法确定创业项目；其次，针对创业项目进行市场调研，获得相关的经验教训，从而冷静地认识市场需求，快速找到合理的盈利模式；然后，综合考虑用户、业务、收入等 9 个因素，设计适合产品的商业模式；最后，进行样本市场测试，分析自身产品的市场接受度，从而降低创业风险。

第八章　创新创业仿真实训

第一节　企业常用分析模型

一、PEST 分析模型

（一）PEST 分析模型简介

PEST 分析指对宏观环境的分析，宏观环境又称一般环境，包含一切影响行业和企业的宏观因素。对宏观环境因素进行分析时，不同行业和企业根据自身特点和经营需要，分析的具体内容会有差异，但一般都包含政治（political）、经济（economic）、社会（social）和技术（technological）这四大类影响企业的主要外部环境因素，称之为 PEST 分析法。

企业的主要外部因素如图 8-1 所示。

（二）PEST 分析法的内容

1. 政治环境

政治环境因素（political factors）包括一个国家的社会制度，执政党的性质，政府的方针、政策、法令等。

不同的国家有着不同的社会制度，不同的社会制度对组织活动有着不同的限制和要求。即使社会制度不变的同一国家，在不同时期，由于执政党的不同，其政府的方针特点、政策倾向对组织活动的态度和影响也是不断变化的。

2. 经济环境

经济环境因素（economic factors）主要包括宏观和微观两个方面的内容。

宏观经济环境主要指一个国家的人口数量及其增长趋势（人口变化），宏观

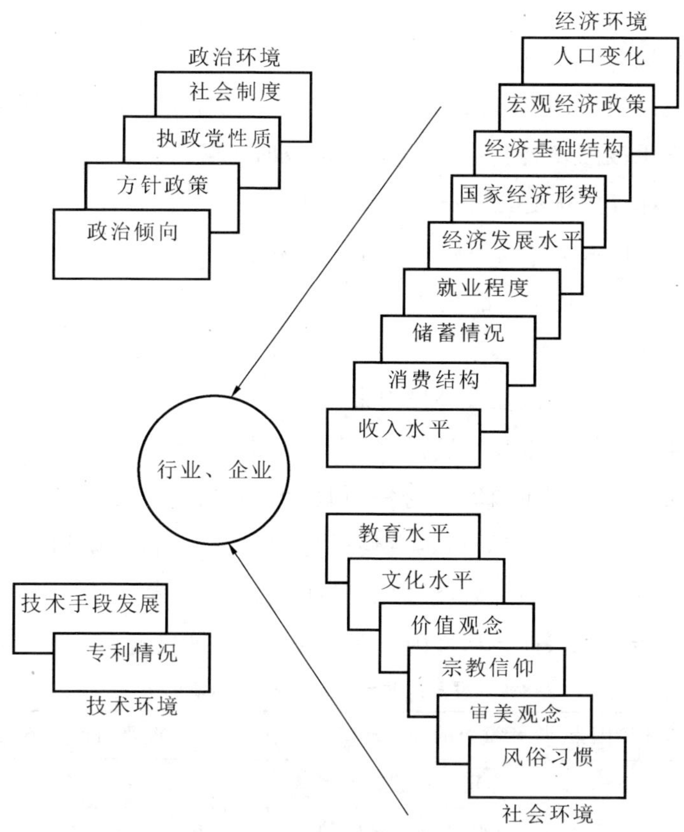

图 8-1　企业的主要外部环境因素

经济政策，经济基础结构，国民收入、国民生产总值及其变化情况（国家经济形势），以及这些指标反映出的国民经济发展水平和发展速度。

微观经济环境主要指企业所在地区或所服务地区的消费者的收入水平、消费结构、储蓄情况、就业程度等因素。这些因素直接影响企业目前及未来的市场大小。

3. 社会环境

社会环境因素（social factors）包括一个国家或地区的居民教育水平、文化水平、宗教信仰、风俗习惯、价值观念和审美观念等。

其中，文化水平会影响居民的需求层次；宗教信仰和风俗习惯会禁止或抵制某些活动的进行；价值观念会影响居民对组织目标、组织活动以及组织存在本身认可与否；审美观点则会影响人们对组织活动内容、活动方式以及活动成果的态度。

4. 技术环境

技术环境因素(technological factors)除了要考察与企业所处领域的活动直接相关的技术手段的发展变化外,企业还应及时了解:

(1) 国家对科技开发的投资和支持重点;

(2) 该领域技术发展动态和研究开发费用总额;

(3) 技术转移和技术商品化速度;

(4) 专利及其保护情况等。

5. 重要的政治、经济、社会环境因素

企业在生产、销售、服务的过程中,时时刻刻受到政治、经济、社会的影响和制约。企业必须密切关注国家的每一项政策和立法,关注经济的发展情况,关注社会的风气,并注意它们对市场营销所造成的影响;根据政治、经济、社会环境因素来制定营销活动的战略,维护企业的利益。

重要的政治、经济、社会环境因素在表 8-1 中详细列出。

表 8-1 重要的政治、经济、社会环境因素

重要的政治环境因素	重要的经济环境因素	重要的社会环境因素
执政党性质	GDP 总值及其增长率	妇女生育率
政治体制	中国工业经济转型	人口结构比例
经济体制	贷款的可得性	性别比例
政府的管制	可支配收入水平	特殊利益集团数量
税法的改变	居民消费(储蓄)倾向	结婚数、离婚数
各种政治行动委员会	利率	人口出生率、死亡率、移入移出率
专利制度与管理政策	通货膨胀率	社会保障计划
民众参与政治行为	规模经济	人口预期寿命
环境保护法	政府预算赤字	人均收入、平均可支配收入
产业政策	消费模式	生活方式、宗教信仰状况
投资政策	失业趋势	对政府的信任度、对政府的态度、对工作的态度

续表

重要的政治环境因素	重要的经济环境因素	重要的社会环境因素
国防开支水平	劳动生产率水平	居民购买习惯、储蓄倾向、投资倾向
政府补贴水平	汇率	居民对道德的关切程度
反垄断法规	证券市场状况	平均受教育状况
与重要大国关系	外国经济状况	居民对退休的态度、对生活质量的态度、对服务的态度
地区关系	进出口因素	污染控制、对能源的节约
—	不同地区和消费群体间的收入差别	居民社会责任、对职业的态度、对权威的态度
—	价格波动	城市、城镇和农村的人口变化
—	货币与财政政策	—

（三）PEST 分析法的应用

PEST 分析法相对简单，可通过头脑风暴法来完成。

PEST 分析法的运用领域有：产业环境分析、公司战略规划、市场规划、产品经营发展和研究报告撰写。

二、SWOT 分析模型

（一）SWOT 分析模型简介

SWOT 分析法（也称 TOWS 分析法、道斯矩阵）即态势分析法，在 20 世纪 80 年代初由美国旧金山大学管理学教授韦里克提出，经常被用于企业战略制定和竞争对手分析等场合。SWOT 分析法就是将与研究对象密切相关的各种主要内部优势、劣势和外部的机会、威胁等，通过调查列举出来，并依照矩阵形式排列，然后用系统分析的思想，把各种因素相互匹配起来加以分析，从中得出一系列相应的结论，而结论通常带有一定的决策性。

运用这种方法，可以对研究对象所处的环境进行全面、系统、准确的分析，从而根据分析结果制定相应的发展战略、计划以及对策等。

(二) SWOT 分析法的内容

优劣势分析主要着眼于企业自身的实力及其与竞争对手的比较,而机会和威胁分析则将注意力放在外部环境的变化及其对企业的可能影响上。在分析时,应把所有的内部因素(即优劣势)集中在一起,然后用外部的力量来对这些因素进行评估。

1.优势与劣势分析

每个企业都要定期检查自己的优势与劣势,可运用“企业经营管理检核表”来完成。企业或企业外的咨询机构都可利用这一表格检查企业的营销、财务、制造和组织能力。每一要素都要按照特强、稍强、中等、稍弱或特弱划分等级。企业在维持竞争优势的过程中,必须深刻认识自身的资源和能力,采取适当的措施。

影响企业竞争优势的持续时间主要有三个关键因素:

(1) 优势的建立耗时;

(2) 优势的强弱程度;

(3) 优势的持续时间。

如果企业分析清楚了这三个因素,就会明确自己在建立和维持竞争优势中的地位。

显然,企业不应把时间和精力全部放在纠正它的所有劣势上,也不应对其优势完全放任不管。企业应研究它究竟是否局限在已拥有的优势中,并考虑是否去获取和发展一些优势以找到更好的机会。有时,企业发展慢并非因为其各部门缺乏优势,而是因为它们不能很好地协调配合。例如某大型电子企业,工程师们轻视销售员,视其为“不懂技术的工程师”;而推销人员则瞧不起服务部门的人员,视其为“不会做生意的推销员”……长此以往,必然会对企业发展产生负面影响。

2.机会与威胁分析

随着经济、社会、科技等诸多方面的迅速发展,特别是世界经济全球化、一体化过程的加快,全球信息网络的建立和消费需求的多样化,企业所处的环境更为开放和动荡。这种变化几乎对所有企业都产生了深刻的影响。因此,环境分析日益成为一种重要的企业职能。

环境发展趋势分为两大类:一类表现为环境威胁;另一类表现为环境机

会。环境威胁指的是环境中一种不利的发展趋势所形成的挑战，如果不采取果断的战略，那么这种不利趋势将导致企业的竞争地位受到削弱。环境机会主要存在于对企业行为富有吸引力的领域，在这一领域中，该企业将拥有竞争优势。

（三）SWOT 分析法的特点

如表 8-2 所示，SWOT 分析法主要具有杠杆效应、抑制性、脆弱性和问题性四个特点。

表 8-2　SWOT 分析法的特点

特点	内　　容
杠杆效应（优势＋机会）	杠杆效应产生于内部优势与外部机会相互一致和适应时。在这种情形下，企业可以用自身内部优势“撬起”外部机会，使机会与优势“强强联合”。然而，机会往往是稍纵即逝的，因此企业必须敏锐地捕捉机会，把握时机，寻求更大的发展
抑制性（机会＋劣势）	抑制性意味着妨碍、阻止、影响与控制。当环境提供的机会与企业内部资源优势不相适合，或者不能相互重叠时，企业的优势再大也得不到发挥。在这种情形下，企业就需要提供和追加某种资源，以促进内部资源劣势向优势转化，从而迎合或适应外部机会
脆弱性（优势＋威胁）	脆弱性意味着优势的程度或强度的降低、减少。当环境状况对公司优势构成威胁时，优势得不到充分发挥，出现优势不优的脆弱局面。在这种情形下，企业必须战胜威胁，并发挥优势
问题性（劣势＋威胁）	当企业内部劣势与企业外部威胁相遇时，企业就面临着严峻挑战，如果处理不当，可能直接导致企业发展受阻

（四）SWOT 分析法的步骤

（1）确认企业当前的战略。

（2）确认企业外部环境的变化。

（3）根据企业资源组合情况，确认企业的关键能力和关键限制。

（4）按照通用矩阵或类似的方式进行评价。

（5）将结果在 SWOT 分析图上定位。

（五）成功应用 SWOT 分析法的简单规则

如图 8-2 所示，成功应用 SWOT 分析法的简单规则如下：

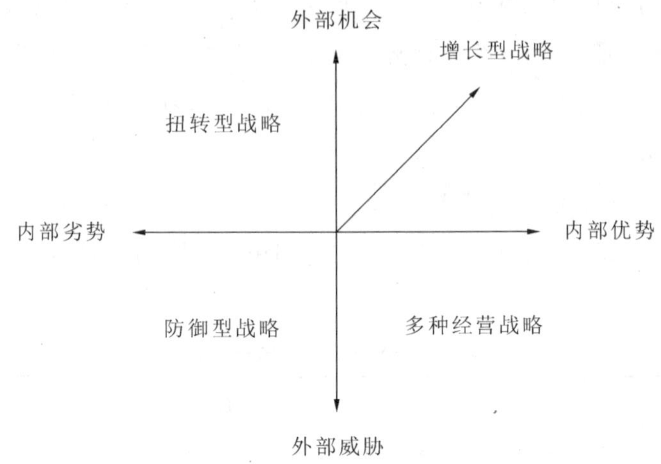

图 8-2　SWOT 分析图

(1) 进行 SWOT 分析的时候必须对公司的优势与劣势有客观的认识；

(2) 进行 SWOT 分析的时候必须区分公司的现状与前景；

(3) 进行 SWOT 分析的时候必须考虑全面；

(4) 进行 SWOT 分析的时候必须与竞争对手进行比较；

(5) 保持 SWOT 分析法的简洁化，避免复杂化与过度分析；

(6) SWOT 分析法“因人而异”。

一旦使用 SWOT 分析法决定了关键问题，也就确定了市场营销的目标。SWOT 分析法可与 PEST 分析法和波特五力模型等方法一起使用。

(六) SWOT 模型的局限性

与很多其他的战略模型一样，SWOT 模型具有时代的局限性。以前的企业可能比较关注成本、质量，现在的企业可能更强调组织流程。例如以前的电动打字机被印表机取代，企业该怎么转型？是应该做印表机还是其他与机电有关的产品？根据 SWOT 分析，电动打字机厂商的优势在于机电设备，但是发展印表机又显得比较有机会成功。结果有的企业朝生产印表机发展，结果很不乐观；有的企业朝生产剃须刀转型，很成功。这就表明，企业选择的是以机会为主的成长策略，还是以能力为主的成长策略，其结果会有很大不同。SWOT 分析法没有考虑到企业改变现状的主动性，即企业可以通过寻找新的资源来创造企业所需要的优势，从而达成过去无法达成的战略目标。

第二节　创新创业虚拟仿真实训平台

创新创业虚拟仿真实训平台是广西大学商学院为了加强对学生的创业教育而推出的产品，符合教育部加强创业教育实训的要求，是模拟创业全过程的训练平台，采用国际上领先的商业模拟技术。学生在创新创业虚拟仿真实训平台上模拟真实企业的创立过程，包括办理工商税务登记注册、对创立企业进行运营管理等。通过对真实创业环境的逼真模拟，该平台可以帮助学生掌握在真实创业过程中可能遇到的各种情况与经营决策，并使他们对出现的问题和运营结果进行分析与评估，从而对创业有更真实的体验与更深刻的理解；帮助学生提升创业意识，掌握创业技能，增强择业就业的能力。

创新创业虚拟仿真实训平台涵盖了多种企业创立的过程，其功能模块主要包括两个部分：企业设立和企业管理。

1. 企业设立

学生登录进入创新创业虚拟仿真实训平台，按照不同的类型设立公司，完成企业注册、名称预准、开户申请、验资报告、设立登记等一系列内容，掌握企业成立的步骤与方法。

2. 企业管理

企业的生存发展如同一个生命有机体一样，也会经历初创、成长、发展、成熟、衰退等阶段，即企业发展的生命周期。创新创业虚拟仿真实训平台的企业管理模块就是让学生在实战中模拟企业的运营管理，围绕创业企业发展的生命周期，制定各项决策，并最终推动企业成长壮大。

企业管理是训练和提升学生创业能力的关键环节，也是检验创业计划可行性的实践环节。通过对真实企业的仿真模拟，所有参加训练的学生分成若干小组，组建成若干虚拟公司，在同一市场环境下相互竞争和发展。每个小组的成员分别担任虚拟公司的首席执行官（CEO）、首席财务官（CFO）、首席市场总监（CMO）、首席采购官（CPO）、首席技术官（CTO）、人力资源总监（CHO）等职位，并承担相关的管理工作或其他工作职责。通过对市场环境与背景资料的分析讨论，学生可以完成企业运营过程中的各项决策，包括业务管理、资金报表的制作等一系列内容。

第三节　创新创业虚拟仿真实训平台登录

一、平台注册

创新创业虚拟仿真实训平台的注册和登录界面如图 8-3 所示，点击“注册”按钮开始注册。注册信息如图 8-4 所示，学生应正确填写姓名、学号，并牢记密码；正确选择所在学校、学院、系别、年级、班级；填写教师给予的注册编码，点击提交；完成注册。

图 8-3　注册和登录界面

二、登录系统

(1) 填写所注册账号，并点击“登录”。

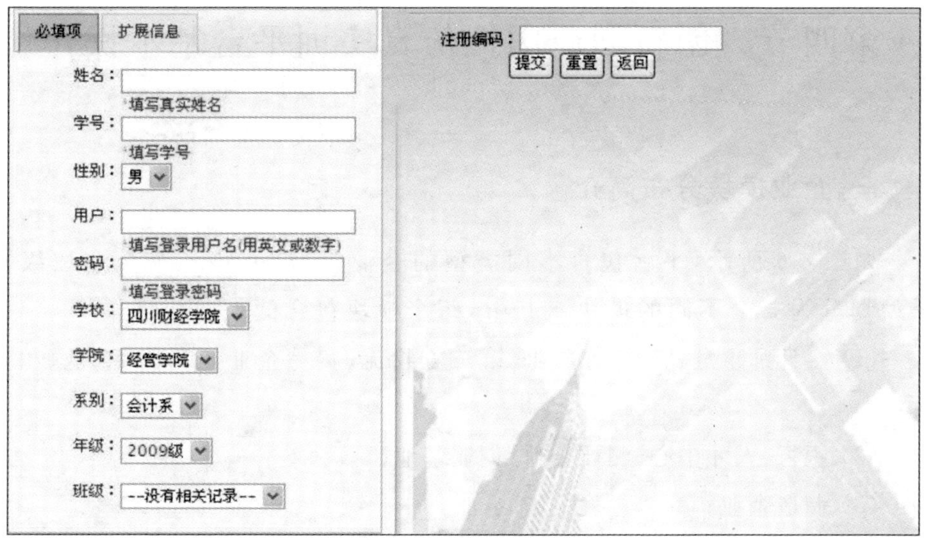

图 8-4　注册信息

(2) 如图 8-5 所示，系统会提示“登录成功”。

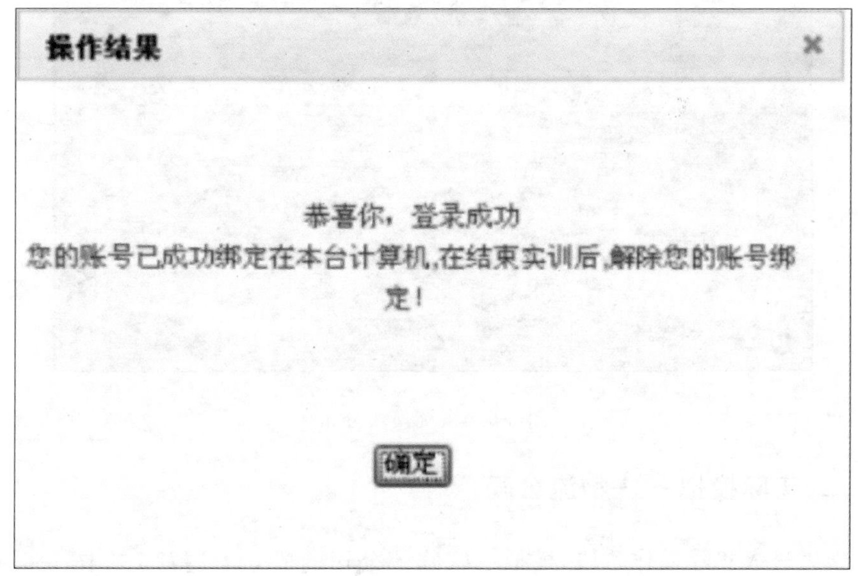

图 8-5　“登录成功”提示

(3) 离开系统时，务必点击“解除本机绑定”，以免他人使用电脑而造成误操作。

第四节　创新创业虚拟仿真实训平台基本操作

一、企业模块分布简介

如图 8-6 所示，平台包含不同类型的企业模型，并将各个企业按级别类型划分为 5 个不同的模块。其中，每个模块包含的企业如下：

（1）会计师事务所、咨询企业、第三方物流、贸易企业、招投标企业、租赁企业；

（2）银行、人才中心、测评企业、创业基地；

（3）制造企业；

（4）税务局、国际货贷、市场监督管理局、信息中心、用户企业；

（5）供应商、餐厅、旅游企业。

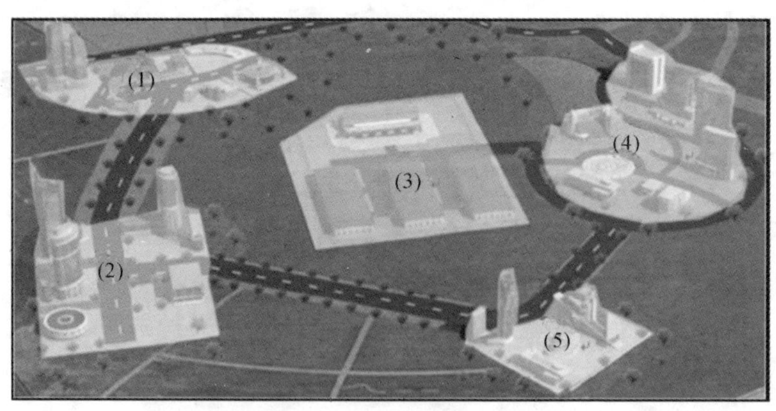

图 8-6　系统模块分布

二、实际模拟——物流公司

学生进入实际操作阶段，模拟一家物流公司的成立与运营。在图 8-6 中选择(1)中的物流模块，进入如图 8-7 所示的“欢迎”界面。

本节实训案例中，模拟的是物流公司的运营，故点击“我要去实习”，进入物流公司界面，如图 8-8 所示。

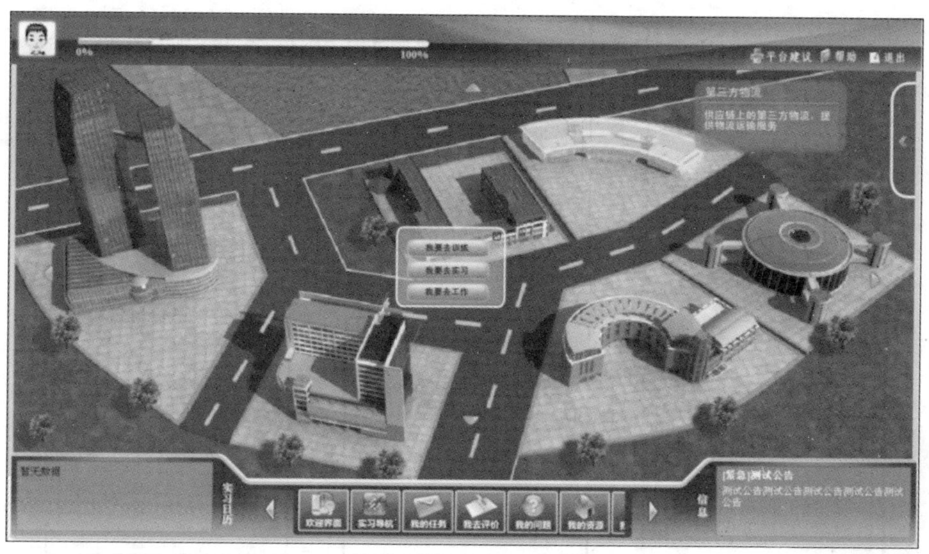

图 8-7　“欢迎”界面

图 8-8　物流公司界面

三、物流公司设立

1. 注册流程

首先，要进行企业注册，注册的具体流程如图 8-9 所示。

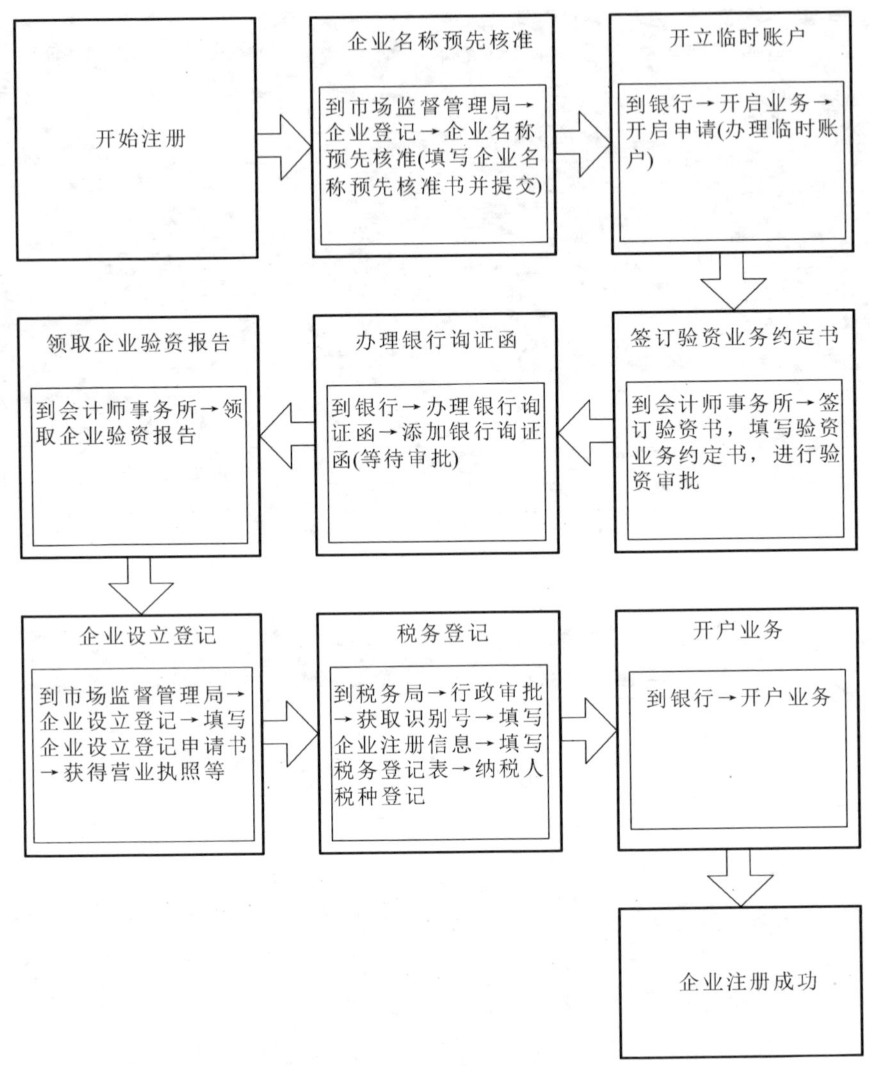

图 8-9　企业注册流程图

然后进入物流公司界面，点击“物流公司设立”，开始注册物流公司。

2. 企业名称预先核准

根据图 8-9 所示的流程图，首先要对企业的名称进行预先核准。在“物流公司设立”→“企业名称预先核准”界面中，点击如图 8-10 所示的“企业名称预先核准申请书”，下载企业名称预先核准申请书。

图 8-11 所示为企业名称预先核准申请书的部分样本。

图 8-10 “企业名称预先核准申请书”界面

企业名称预先核准申请表

申请企业名称	北京新瑞物流有限责任公司		
备选企业名称(1)	北京新瑞物流有限责任公司		
备选企业名称(2)			
备选企业名称(3)			
拟申报的住所辖区	北京市 房山区		
企业类型	有限责任公司 股份有限公司 中外合资企业 非公司企业	有限责任公司(国有独资) 股份有限公司(上市) 中外合资企业 合伙企业	 外商独资企业 个人独资企业
拟申报注册资本	币种 3000(万元)		
拟申请从事行业或经营范围	物流		
投资者的名称或姓名	证照号码	投资金额(万元)或股份(万股)	
白鹏飞	1004040301	600	20%
吴冰瑶	1004040231	600	20%
杨芊露	1004040338	600	20%
徐悦文	1004040234	600	20%
王子荣	1004040223	600	20%

图 8-11 企业名称预先核准申请书部分样本

根据该申请书样本,企业工作人员填写相应内容,并上传到系统。提交后,再次点击“企业名称预先核准”登记,弹出如图 8-12 所示的界面。

图 8-12　提交申请书后的系统界面

这时，需要企业工作人员到市场监督管理局，申请办理企业名称预先核准登记，并提交纸质企业名称预先核准申请书，由市场监督管理局予以审核。

如果企业名称预先核准申请书被市场监督管理局驳回，企业工作人员将看到如图 8-13 所示的界面。

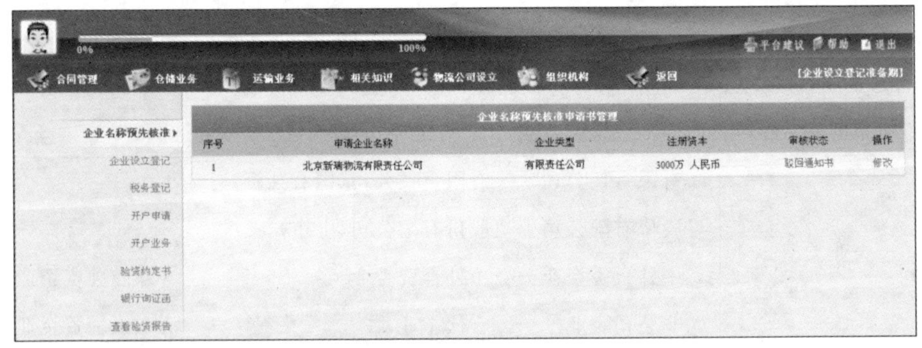

图 8-13　申请书驳回界面

(1) 点击“驳回通知书”，可以看到市场监督管理局驳回的原因。

(2) 知道原因后，点击“修改”，修改后再次提交。

(3) 企业人员再次到市场监督管理局提出申请。

(4) 若企业名称预先核准申请书被市场监督管理局准予通过，企业工作人员将看到如图8-14所示的界面。

该申请书通过后，企业会收到市场监督管理局发放的纸质企业名称预先核准通知书。

3. 开户申请

在“物流公司设立”→“开户申请”界面，填写临时开户申请单并提交，如图 8-15 所示。

同时，企业工作人员携带纸质企业名称预先核准通知书和临时开户申请单到银行办理临时账户。

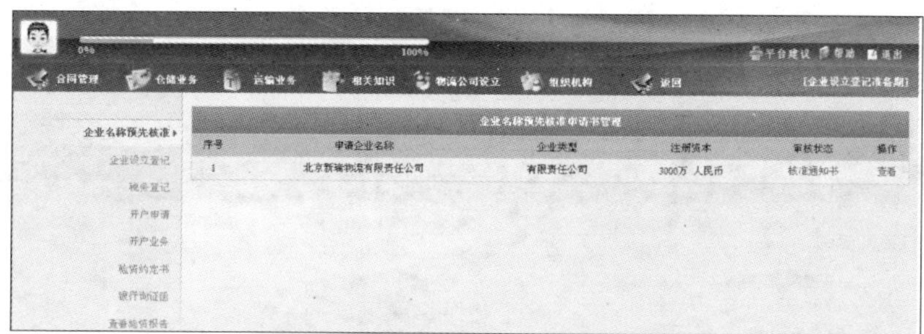

图 8-14　企业名称预先核准通过界面

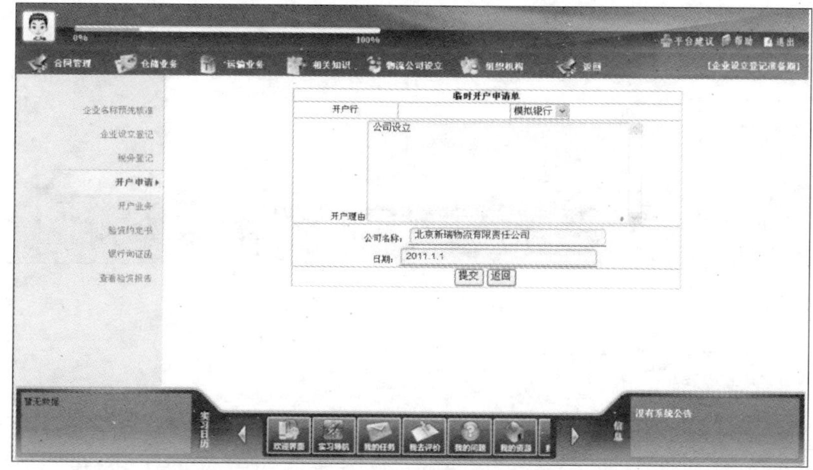

图 8-15　“开户申请”界面

如果临时开户申请单被银行驳回(见图 8-16)，企业工作人员需要再次点击“开户申请”，进行修改并提交。

图 8-16　“临时开户申请单(已驳回)”界面

之后再派企业工作人员到银行再次申请。

如果银行审核通过，“临时开户申请(已通过)”界面如图 8-17 所示。

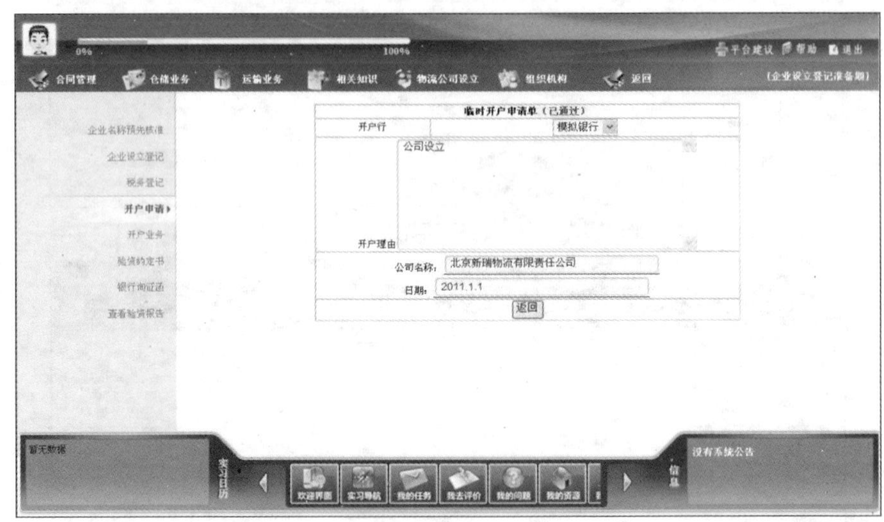

图 8-17　“临时开户申请(已通过)”界面

开户申请通过后，公司从银行领取纸质临时账户。

4. 验资业务约定书

企业工作人员携带纸质企业名称预先核准通知书和临时账户前往会计师事务所，领取纸质验资业务约定书。电子验资业务约定书可在“物流公司设立”→“验资业务约定书管理”界面查看，如图 8-18 所示。

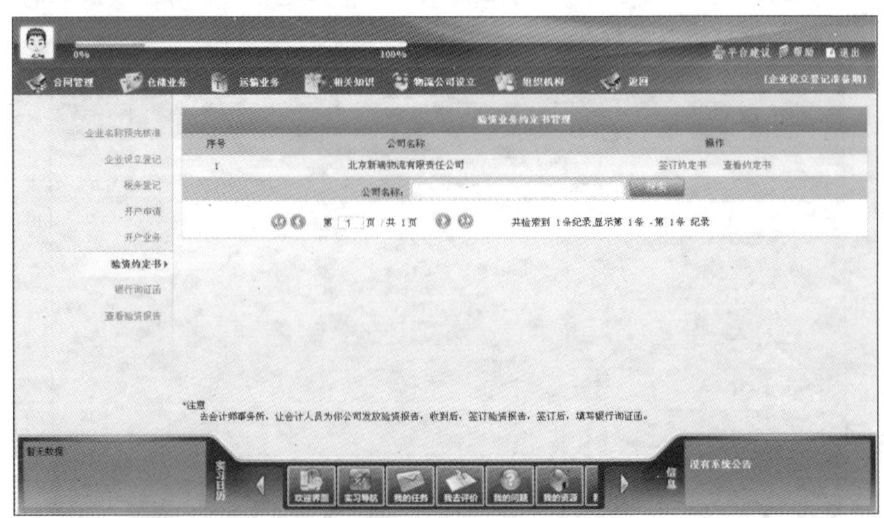

图 8-18　“验资业务约定书管理”界面

点击“签订约定书”，按图 8-19 所示界面填写，填写完成后点击“提交”，界面会显示“约定书已签订”，如图 8-20 所示。

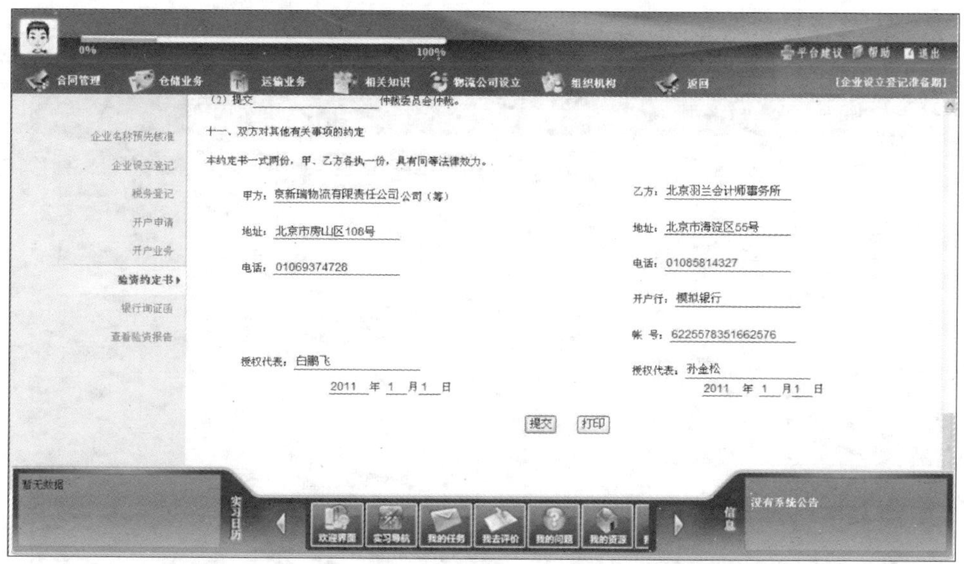

图 8-19　“签订约定书”界面

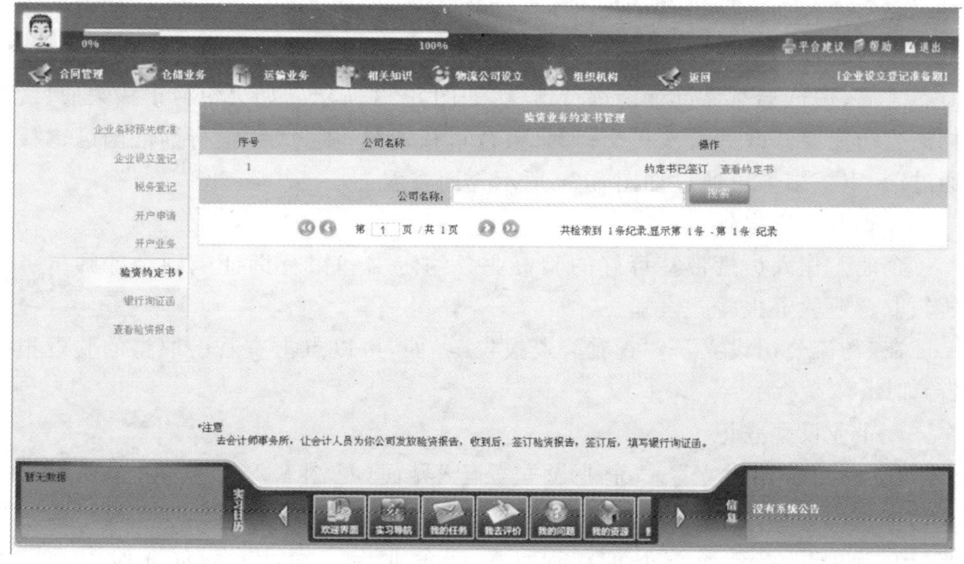

图 8-20　“约定书已签订”界面

提交电子验资业务约定书后，物流公司需同时填写纸质验资业务约定书，并在办理银行询证函后，携带以上两份单据，到会计师事务所领取企业验资报告。

5.银行询证函

在“物流公司设立”→“银行询证函”界面,如图 8-21 所示,点击“添加”。

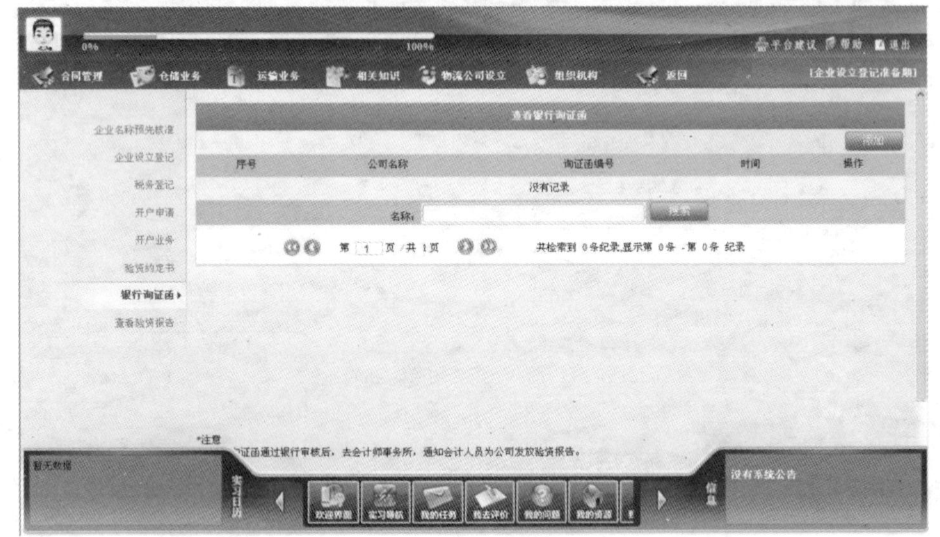

图 8-21　“银行询证函”界面

填写银行询证函,并点击“提交”,图 8-22 所示为银行询证函样本;同时填写纸质银行询证函,去银行办理。

之后,银行会对该询证函进行审核,如图 8-23 所示。如果银行审核未通过,物流公司需要修改并再次提交;如果银行审核通过,则显示“银行询证函已审核通过”。审核结果可通过如图 8-24 所示界面查看。

6.查看验资报告

企业工作人员携带签订好的验资业务约定书和银行询证函到会计师事务所领取企业验资报告。

在“物流公司设立”→“查看验资报告”界面,可以点击查看已取得的验资报告,如图 8-25 所示。

7.企业设立登记

在“物流公司设立”→“企业设立登记”界面(见图 8-26),点击“企业设立登记申请书”,填写相关信息,并提交企业设立登记申请书。图 8-27 所示为企业设立登记申请书显示界面。提交后,“企业设立登记”界面将如图 8-28 所示。

之后,企业工作人员须携带纸质企业名称预先核准通知书、临时账户、企业验资报告和填写好的企业设立登记申请书到市场监督管理局办理。

银行询证函

编号：______

模拟______(银行)：

本公司(筹)聘请的北京羽兰______会计师事务所正在对本公司(筹)的注册资本实收情况进行审验。按照国家有关的规定和中国注册会计师审计准则的要求，应当询证本公司(筹)出资者(股东)向贵行缴存的出资额。下列数据及事项如与贵行记录相符，请在本函下端"数据及事项证明无误"处签章证明；如有不符，请在"列明不符事项"处列明不符事项。有关询证费用可直接从本公司(筹)北京新瑞物流存款账户中收取。回函请直接寄至北京羽兰______会计师事务所。

回函地址：北京市海淀区55号

邮编：100081　　电话：1085814327　　传真：1085714328　　联系人：孙金松

截止2011______年 1 月 1 日，本公司(筹)出资者(股东)缴入的出资额列示如下：

缴款人	缴入日期	银行账号	币种	金额	款项用途	备注
白腾飞	2011.1.1	1246487846	人民币	3000万	公司成立	
合计金额(大写)叁仟万元整						

物流有限责任 公司(筹)

法定代表或委托代理人：(签名并盖章)孙金松

2011______年 1 月 1 日

结论
1. 数据及事项证明无误。 ____年____月____日　　经办人：______　　银行签章：______
2. 如果不符，请列明不符事项。   ____年____月____日　　经办人：______　　银行签章：______

提交

图 8-22　银行询证函样本

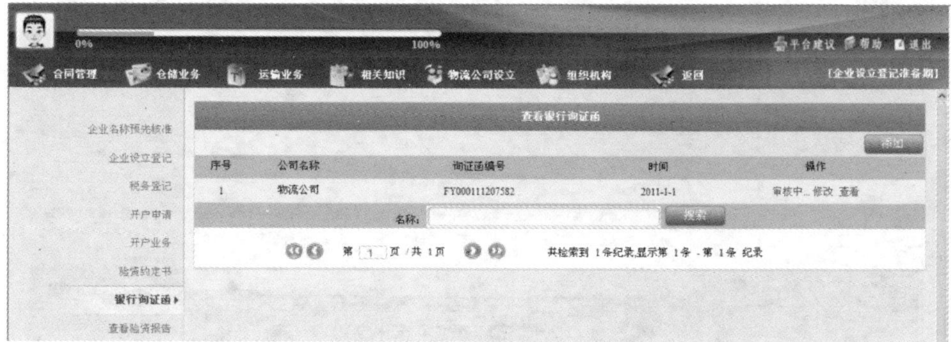

图 8-23　银行询证函审核界面

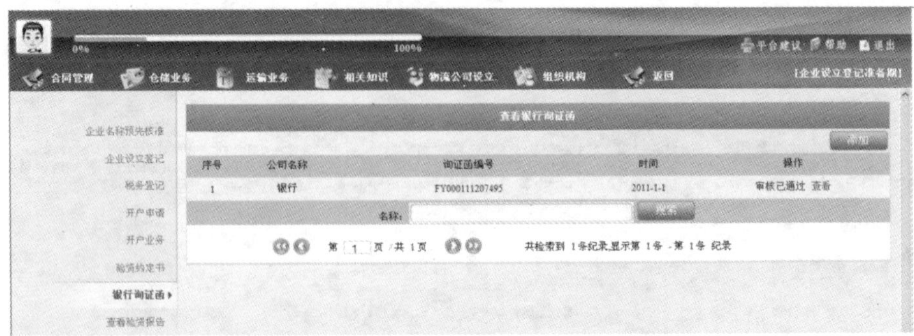

图 8-24　“银行询证函审核已通过”界面

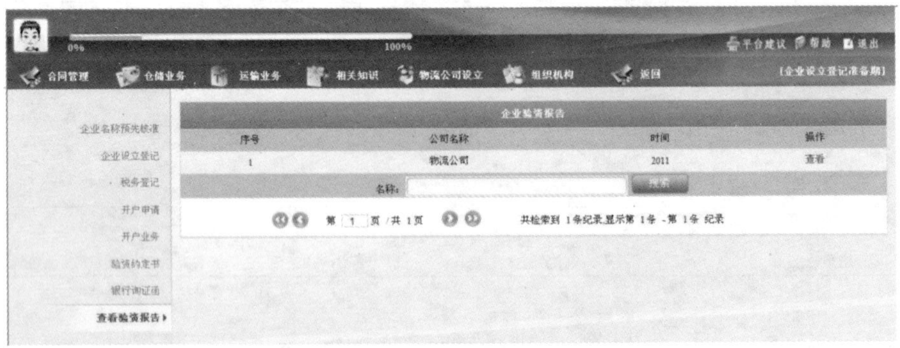

图 8-25　“查看验资报告”界面

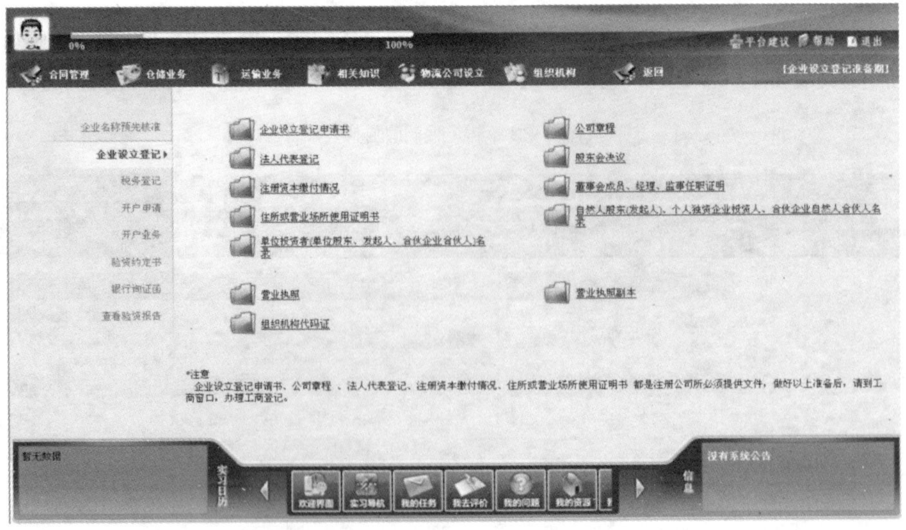

图 8-26　“企业设立登记”界面

请认真阅读本页内容并填写申请书

根据有关法律、法规的规定，现向工商行政管理机关申请 1 的设立登记。(以下企业类型仅供选择，将所选企业的序号填写在横线上，并按照标注的页码填写后面的申请表)

序号	企业类型	需填写的页
1	有限责任公司	1、2、4、5、6、7、8、9
2	有限责任公司(国有独资)	1、2、4、6、7、8、9
3	有限责任公司(自然人独资)	1、2、4、6、7、8、9
4	有限责任公司(法人独资)	1、2、4、6、7、8、9
5	股份有限公司	1、2、4、5、6、7、8、9
6	股份有限公司(上市)	1、2、4、5、6、7、8、9
7	有限责任公司分公司	1、2、7、8
8	股份有限公司分公司	1、2、7、8
9	集体所有制(股份合作)企业	1、2、4、5、6、7、8、9
10	集体所有制(股份合作)企业设立的非法人分支机构	1、2、4、6、7、8
11	集体所有制(股份合作)企业设立的法人分支机构	1、2、4、6、7、8
12	集体所有制(股份合作)企业设立的法人分支机构的营业登记单位	1、2、4、6、7、8
13	全民所有企业	1、2、4、6、7、8
14	全民所有制企业的营业单位	1、2、4、6、7、8
15	集体所有制企业	1、2、4、6、7、8
16	集体所有制企业的营业单位	1、2、4、6、7、8
17	合作企业(普通合作、特殊普通合作、有限合作)	1、2、5、6、7、8
18	合作企业的分支机构	1、2、4、7、8
19	个人独资企业	1、2、5、6、7、8
20	个人独资企业的分支机构	1、2、4、7、8

签字白鹏飞

1.设立有限责任公司、股份有限公司、集体所有制(股份合作)、全民所有或集体所有制企业，有拟任法定代表人签字。

2.设立个人独资企业或个人弟子企业分支机构的，有合伙企业的全体合伙人签字。

3.设立合伙企业或合伙企业分支机构的，由合伙企业的全体合伙人签字。

4.设立营业单位、分支机构或分公司的，由隶属企业的法定代表人签字。

企业设立登记申请表

<table>
<tr><td>(1)企业名称</td><td colspan="3">北京新瑞物流有限责任公司</td></tr>
<tr><td>(2)住所(经营场所)</td><td colspan="3">北京市 房山区(县)108(门牌号)</td></tr>
<tr><td rowspan="2">(3)法定代表人姓名(负责人、投资人)</td><td rowspan="2">白鹏飞</td><td>(4)注册资本(注册资金、出资数额、资金数额)</td><td>3000 万</td></tr>
<tr><td>(5)实收资本(金)实际缴付的出资数据</td><td>3000 万</td></tr>
<tr><td rowspan="2">(6)经营范围</td><td>许可经营项目</td><td colspan="2">物流业务</td></tr>
<tr><td>一般经营项目</td><td colspan="2"></td></tr>
<tr><td>(7)营业期限(合伙期限)</td><td>30 年</td><td>(8)副本数</td><td>份</td></tr>
<tr><td>(9)隶属企业名称</td><td colspan="3"></td></tr>
</table>

提交　返回

图 8-27　企业设立登记申请书显示界面

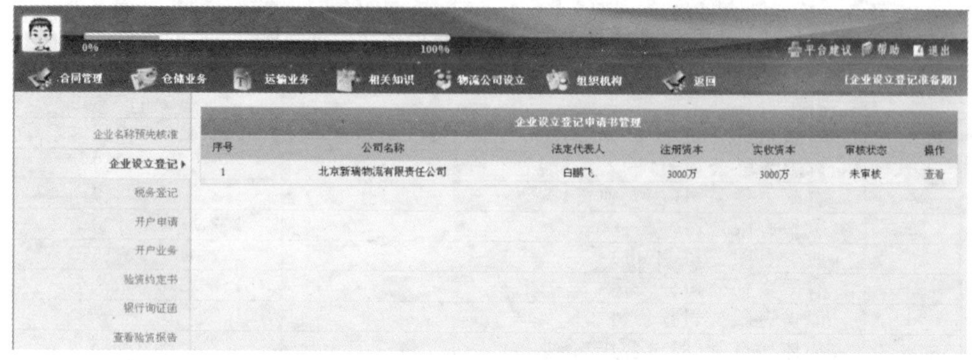

图 8-28　“企业设立登记”界面

如果市场监督管理局将申请书驳回，公司可以在“企业设立登记申请书管理”界面（见图 8-29）查看驳回通知书，并进行修改。

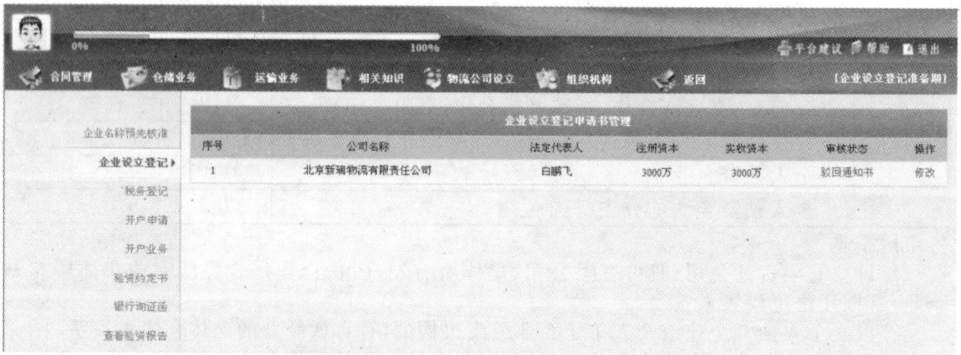

企业设立登记申请书管理

序号	公司名称	法定代表人	注册资本	实收资本	审核状态	操作
1	北京新瑞物流有限责任公司	白鹏飞	3000万	3000万	驳回通知书	修改

图 8-29　“企业设立申请书管理”界面

如果市场监督管理局审核通过，企业会得到纸质的准予设立登记通知书、营业执照、营业执照副本、组织机构代码证；同时在相关界面可以查看到以上文件的电子版，如图 8-30 所示。

8. 税务登记

在“物流公司设立”界面，点击“税务登记”，会弹出如图 8-31 所示的“税务登记”界面。点击“获取识别号”，进入“企业注册信息”界面，如图 8-32 所示。

填写相关信息，并点击“提交”，等待税务局审核。

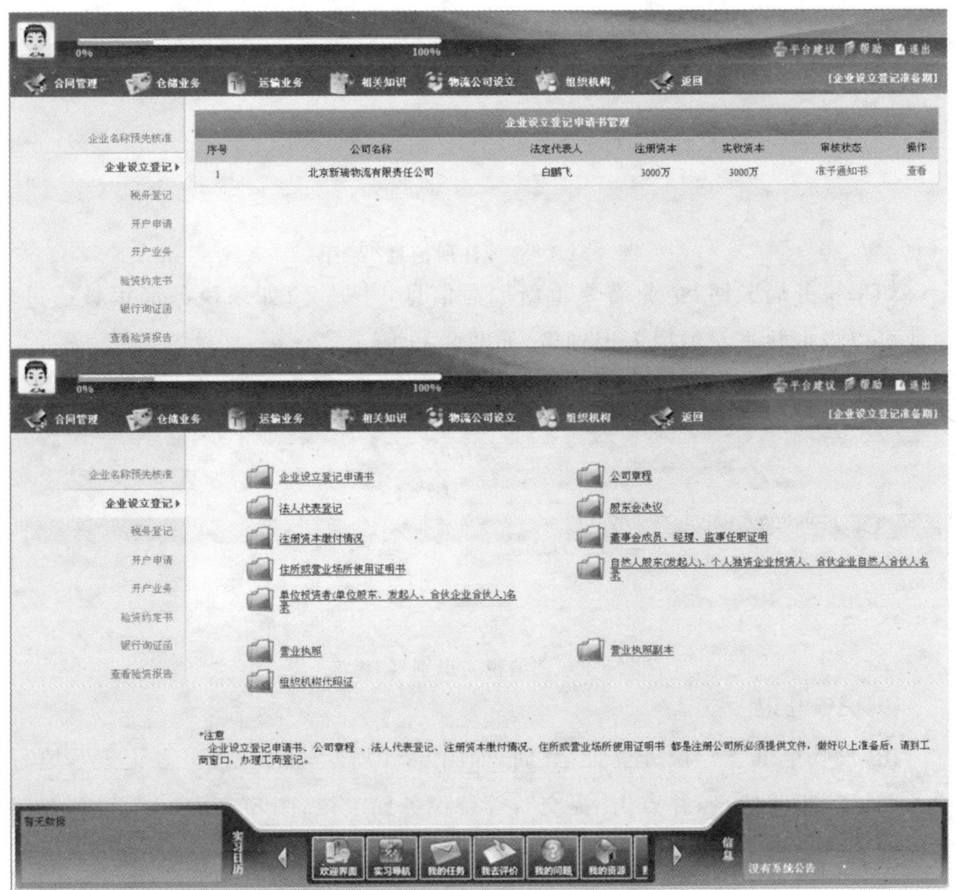

图 8-30　企业设立登记通过后所得部分电子文件

行政审批　纳税申报　纳税法规

纳税人识别号：　查看

密码：

登录　重置　获取识别号

图 8 31　“税务登记”界面

图 8-32　“企业注册信息”界面

如果税务局驳回，企业需要重新填写信息，并提交；如果税务局审核通过，企业可以点击并查看纳税人识别号，如图 8-33 所示。

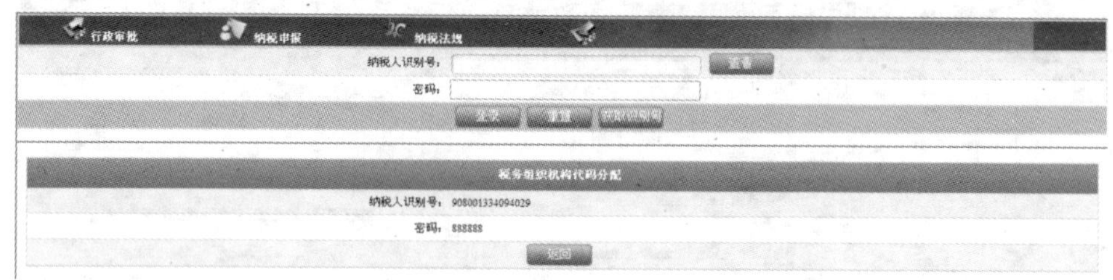

图 8-33　“纳税人识别号”界面

1）税务登记

在“行政审批”→“税务登记”界面，如图 8-34 所示，点击“税务登记表”，填写税务登记的相关信息，并点击“提交”，等待税务局审核，图 8-35 所示为税务登记表样本。

图 8-34　“税务登记”界面

税务登记表
（适用单位纳税人）

纳税人名称	北京新瑞物流有限责任公司			纳税人识别号		8008001334004029	
登记注册类型	有限责任公司			批准设立机关		备质量技术监管局	
组织机构代码	66647926-7			批准设立证明或文件号		417445-117696-0	
开业（设立）日期	2011.1.1	生产经营期限	2040.12.31	证照名称	身份证	证照号码	×××××××× ××××××××
注册地址	北京市房山区			邮政编码	102441	联系电话	01069374726
生产经营地址	北京市房山区			邮政编码	102441	联系电话	01069374726
核算方式	请选择对应项目打“√” ⊘独立核算 ○非独立核算			从业人数		20　其中外籍人数	
单位性质	请选择对应项目打“√”⊘企业○事业单位○社会团体○民办非企业单○其他						
网站网址				图标行业		□　□　□　□	
经营范围物流	请将法定代表人（负责人）身份证件复印件粘贴在此处						

内容＼项目	姓名	身份证件		固定电话	移动电话	电子邮箱
		种类	号码			
法定代表人	白鹏飞	身份证	×××××××× ××××××××	01069374728		
财务负责人	姚明苏	身份证	×××××××× ××××××××	01069374728		
办税人	杨晨	身份证	×××××××× ××××××××	01069374728		

税务代理人名称	纳税人识别号	联系电话	电子邮箱

投资方名称	投资方经济性	投资比例	证件种类	证件号码	国籍或地址
白鹏飞		50%	身份证	×××××××× ××××××××	北京市房山区101号
姚明苏		30%	身份证	×××××××× ××××××××	北京市房山区66号
杨晨		20%	身份证	×××××××× ××××××××	北京市房山区385号
自然人投资比例	100%	外资投资比例		国有投资比例	

分支机构名称	注册地址	纳税人识别

总机构名称		纳税人识别号	
注册地址		经营范围	
法定代表人姓名	联系电话		注册地址邮政编码	

代扣代缴代收代缴税款业务情况	代扣代缴，代收代缴税款业务内容	代扣代缴，代收代缴税种
附报资料		

经办人：杨晨 2011年1月1日	法定代表人（负责人）签章：白鹏飞 2011年1月1日	纳税人公章： 2011年1月1日

图8-35　税务登记表样本

之后，企业工作人员携带纸质临时账户、营业执照、营业执照副本、组织机构代码证、税务登记表到税务局办理。

如果税务局驳回，如图 8-36 所示，企业须修改登记表并重新提交；如果税务局审核通过，“税务登记通过”界面将如图 8-37 所示。

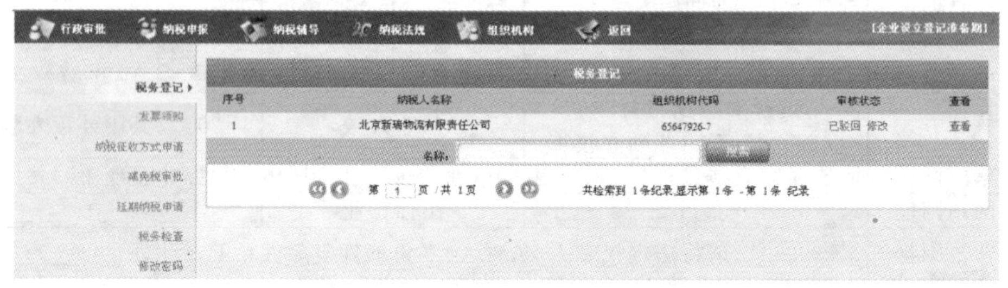

图 8-36 “税务登记(已驳回)”界面

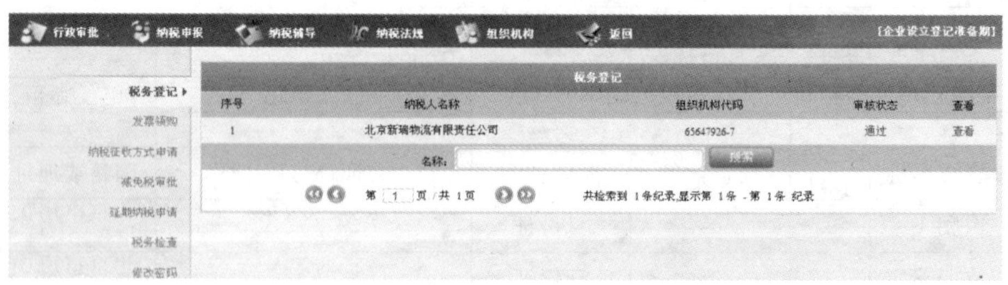

图 8-37 “税务登记通过”界面

2）纳税人税种登记

在“行政审批”→“税务登记”界面，点击“纳税人税种登记表”，如图 8-38 所示。

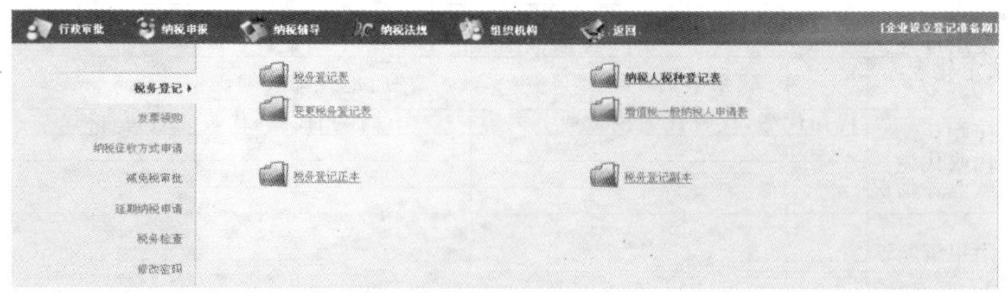

图 8-38 “纳税人税种登记”界面

填写相关信息，并点击“提交”。

携带填写好的纸质纳税人税种登记表前往税务局办理。

办理完税务登记后，企业可以从税务局领取税务登记正本和税务登记副本，以上文件可以在“税务登记”界面中查看到电子版。

9. 开户业务

携带纸质临时账户、营业执照、营业执照副本、组织机构代码证、税务登记正本和税务登记副本到银行办理开户业务。

办理完开户业务后，企业可以领取开户许可证。

以上文件可以在“物流公司设立”→“开户业务”界面查看，图 8-39 所示为开户许可证。

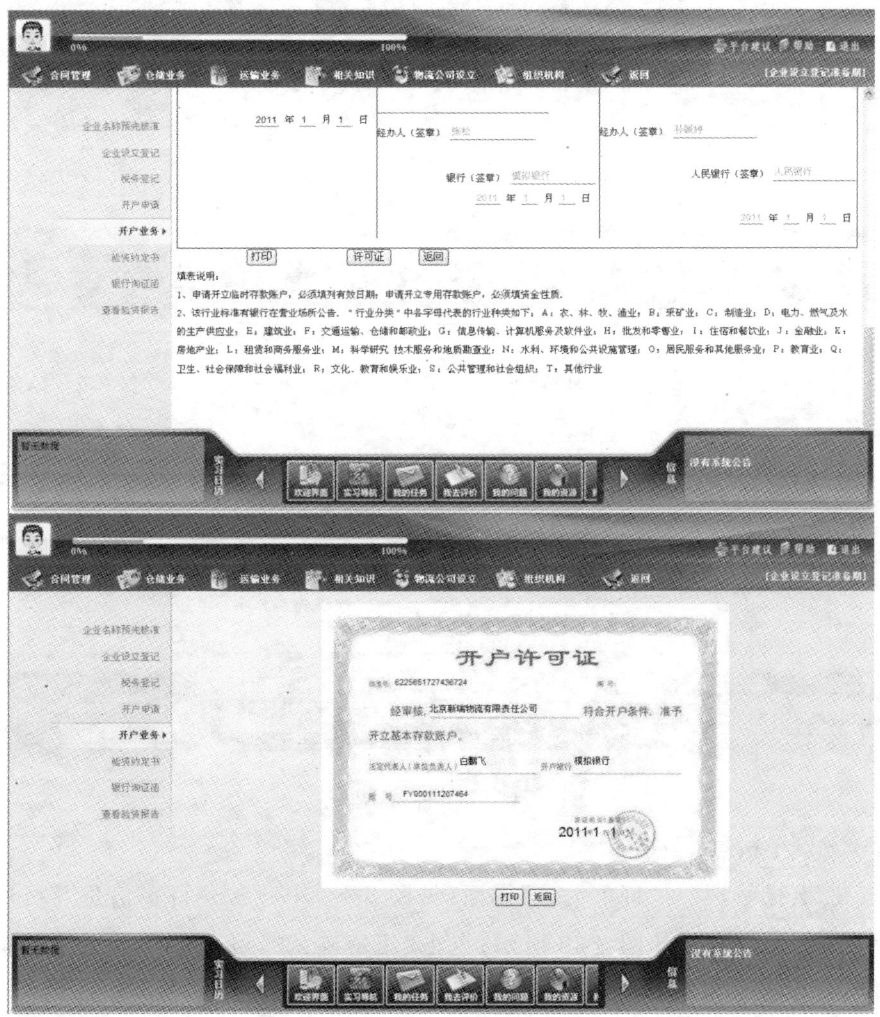

图 8-39 开户许可证

四、物流公司业务

1.合同管理

1）合同签订

在“合同管理”→“合同签订”界面中，点击“签订合同”，如图 8-40 所示。填写国内货物运输协议（见图 8-41），并点击“提交”。

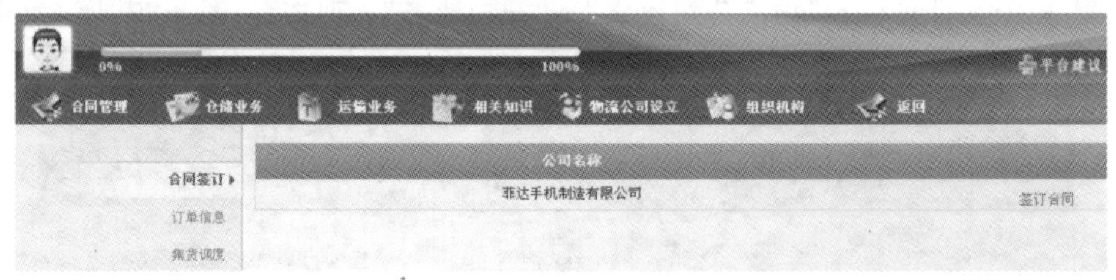

图 8-40 “合同签订”界面

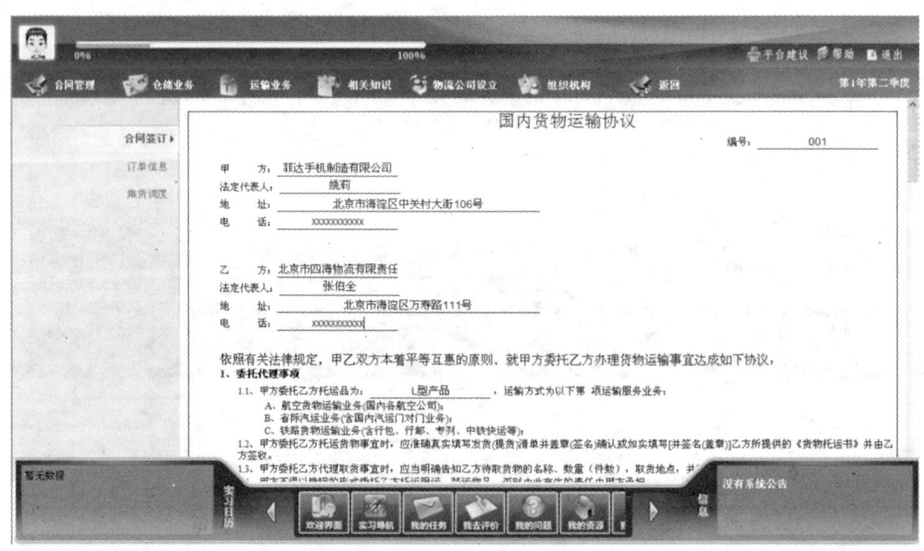

图 8-41 国内货物运输协议

2）订单信息

在“合同管理”→“订单信息”界面（见图 8-42）中，点击“订单信息”，可以查看订单的详细信息，如图 8-43 所示；点击“集货确认”，可以进行下一步的集货调度。

在“合同管理”→“订单信息”界面中，有“业务提交”按钮，物流公司对订单

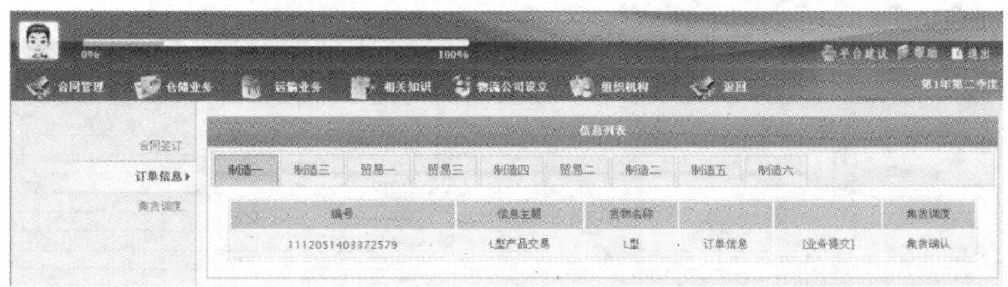

图 8-42　“订单信息”界面

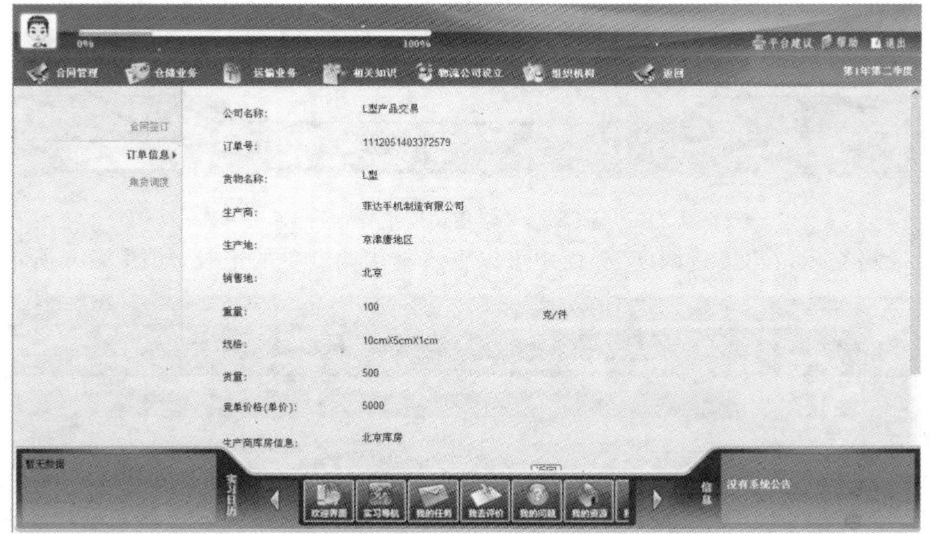

图 8-43　订单详细信息

的所有操作都完成之后，点击此按钮，可以告知管理人员：订单已经开始交付。

3）集货调度

在“合同管理”→“集货调度”界面中，点击“新增”按钮，如图 8-44 所示。

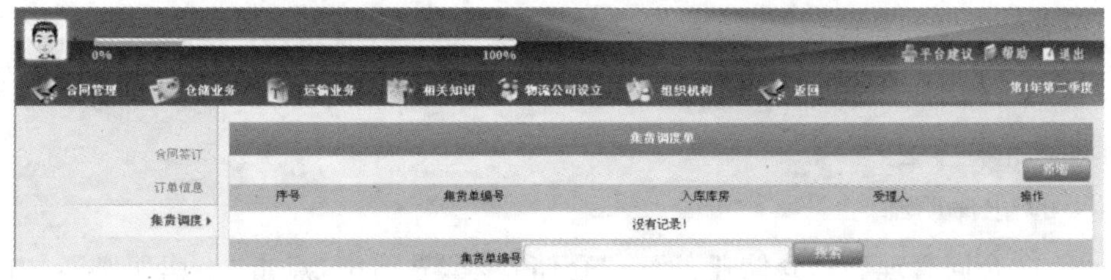

图 8-44　“集货调度”界面

填写集货调度单，并点击“提交”。集货调度单样本如图 8-45 所示。

图 8-45 集货调度单样本

提交后，在“集货调度”界面中可以查看集货调度单的记录，如图 8-46 所示。

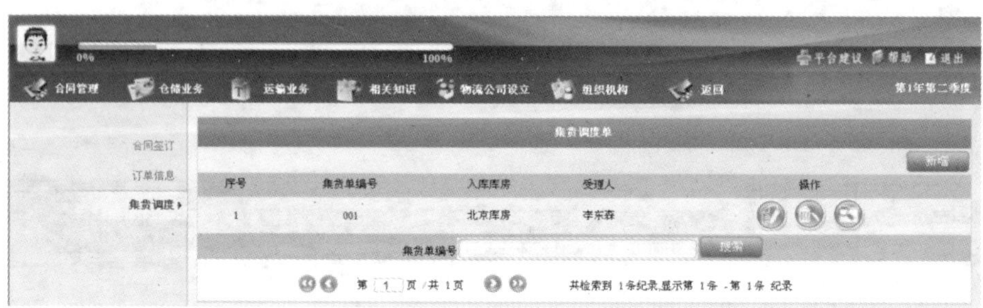

图 8-46 集货调度单记录

2. 仓储业务

1）入库明细

在“合同管理”→“仓储业务”→“仓储管理”界面中，点击“入库明细”，如图 8-47 所示。

新增明细单，如图 8-48 所示。填写入库明细单，并提交。图 8-49 所示为入库明细单样本。

2）出库明细

在“合同管理”→“仓储业务”→“仓储管理”界面中，点击“出库明细”，如图 8-50 所示。

新增出库明细单，如图 8-51 所示。填写出库明细单，并提交。图 8-52 所示

图 8-47　“入库明细”界面

图 8-48　新增明细单

图 8-49　入库明细单样本

图 8-50　“出库明细”界面

为出库明细单样本。

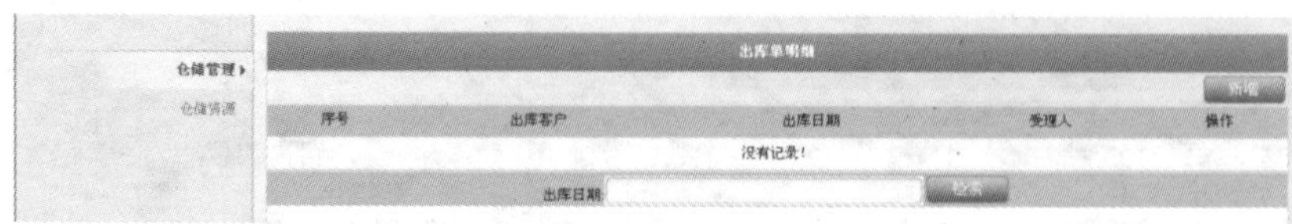

图 8-51　新增出库明细单

出库单明细

出库客户	库尔勒兢鑫通讯有限责任公司	出库库房	吉林库房	出库日期	2011.9.24
集货单号	100	出库单号	005	受理人	姚明苏
提单号码	100	交接库管理员		倒库时间	
收货单位	大西北	联系人	大西北	电话	2356
地址	大西北	运单号码	100	运送单位	时代
车牌号码	京H32558	司机	董跃锋		
备注					

货物明细

货物种类	货物规格	货物编号	整件包装	最小单位	存放货位	生产日期	入库日期	应出（件）	应出（个）	实出货位	实出（件）	实出（个）
L型	10cmX5c	100	763	1	拉萨库房	2011.9.2	2.11.9.24	763	763	763	763	763

图 8-52　出库明细单样本

3）　盘库单

在“合同管理”→“仓储业务”→“仓储管理”界面中，点击“盘库单”，如图 8-53 所示。

图 8-53　“盘库单”界面

如果没有盘库单，点击“新增”，如图 8-54 所示。

图 8-54　新增盘库单

如果已有盘库单，点击“修改”，如图 8-55 所示。

图 8-55　修改盘库单

填写盘库单，并提交，如图 8-56 所示。

盘库单

盘库单号	11092416103512103	盘库日期	2011.10.15
客户名称	北京神马通讯	仓库名称	武汉库房
盘库说明			

盘点货物明细

货物品种	货物规格	出厂批号	生产日期	存放货位	数量（件）	数量（个）	货物状态(完好 货损 批号破损)	备注
	10cmX5cmX1cm		2011.10.15	武汉库房01排001栋001位	323	323	完好	

操作员：　林梦 日期：　2011.10.15

图 8-56　填写盘库单

4）仓储资源

在“仓储业务”→“仓储资源”界面下可以查看库房信息，如图 8-57 所示。

库房编号	库房名称	库房位置	库房性质	库房面积(平方米)	库房高度(米)	库位
KF01	吉林库房	吉林省吉林市承德街	标准库房	1800	4	详细
KF02	深圳库房	深圳市罗湖区宝岗路52号	标准库房	1000	5	详细
KF03	北京库房	丰台区大红门	标准库房	1000	3	详细
KF04	拉萨库房	萨市城关区	标准库房	3000	5	详细
KF05	大连库房	大连市中山区港湾街2号	标准库房	2000	4	详细
KF07	武汉库房	武汉市崇仁路5号	标准库房	2000	3	详细

图 8-57　“库房信息”界面

点击“详细”，进行出库和入库操作，如图 8-58 所示。

3. 运输业务

1）运单

在“运输业务”→“国内运输”界面，点击“运单”，如图 8-59 所示。

点击“新增”，添加运单，如图 8-60 所示。

所属库房	货位编号	货位名称	状态	操作
吉林库房	J01001001	吉林库房01排001栋001位	已存货	出库
吉林库房	J01001002	吉林库房01排001栋002位	空	入库
吉林库房	J01001003	吉林库房01排001栋003位	空	入库
吉林库房	J01001004	吉林库房01排001栋004位	空	入库
吉林库房	J01001005	吉林库房010排01栋005位	空	入库
吉林库房	J01001006	吉林库房01排001栋006位	空	入库

图 8-58　出库和入库操作

图 8-59　“运单”界面

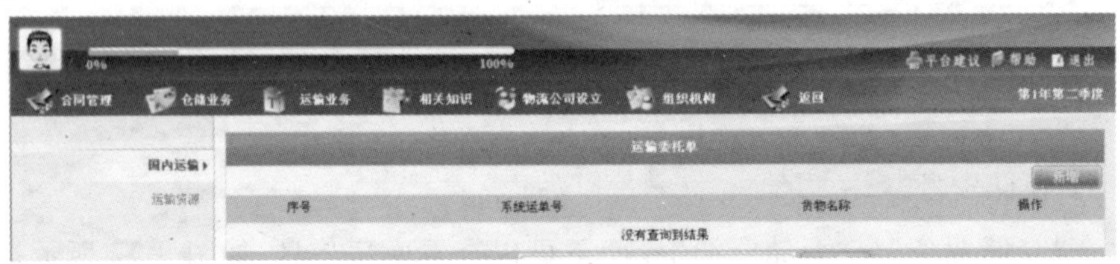

图 8-60　添加运单

填写运单信息，点击“提交”，如图 8-61 所示。

运单

运单信息	系统运单号	110924140725104	交接运单号	110924140725104	系统订单号	110924140725104
	起运地	拉萨	目的地	大西北	距离	
	中转		中转联系人		中转联系电话	
	特约事项		其他			
承运信息	承运商	北京市捷通物流股份	承运商电话	123456	车牌号	京A34432
	司机	应兰贞	司机电话	888888		
费用信息	应付合计(应付运费、应付配送费、应付提货费、其他费用)			6203400元		
	运费付款方式	现金	代收货款			
货物信息	货物名称	L型	数量	1266	重量	126600克
	体积	10cmX5cmX1cm	单价	4900	计价单位	元
	总价	6203400				

提交　返回

图 8-61　运单填写和提交

2）路单

在“运输业务”→“国内运输”界面，点击“路单”，如图 8-62 所示。

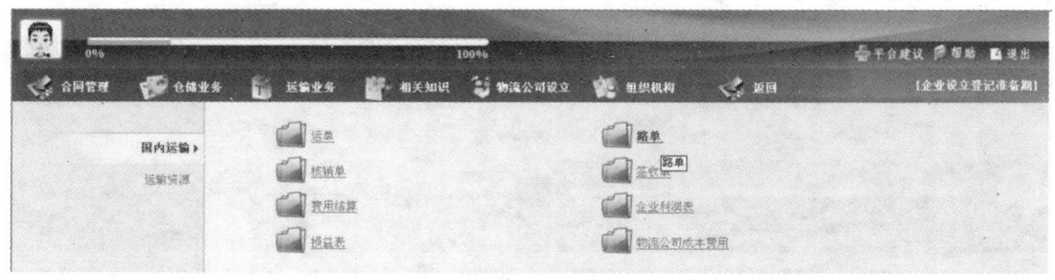

图 8-62　“路单”界面

点击“新增”，添加路单，如图 8-63 所示。

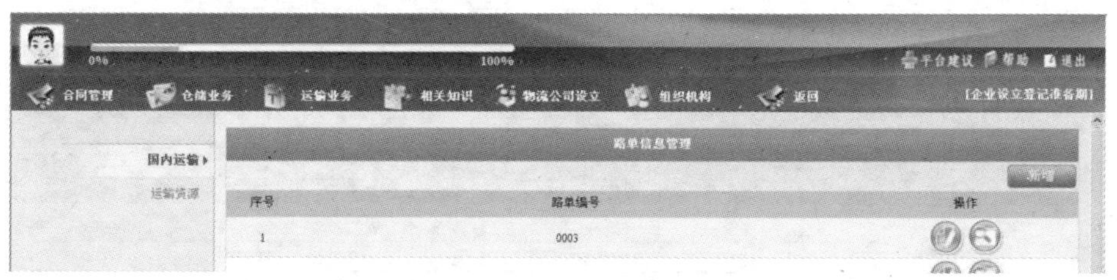

图 8-63　添加路单

填写路单信息，点击“提交”，如图 8-64 所示。

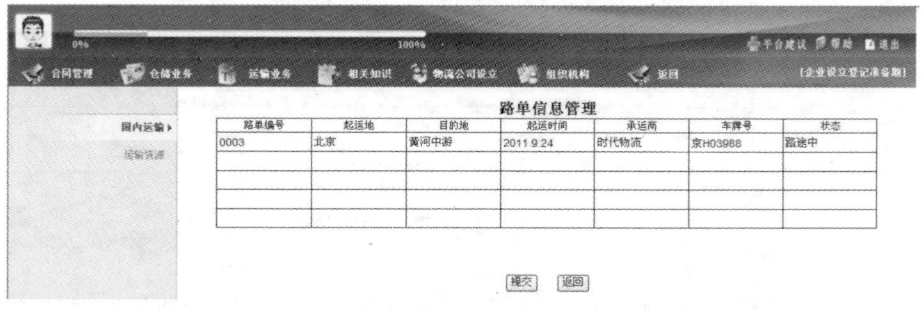

图 8-64　路单填写和提交

3）签收单

在“运输业务”→“国内运输”界面，点击“签收单”，并点击“新增”，添加签收单，如图 8-65 所示。

填写签收单信息，点击“提交”，如图 8-66 所示。

图 8-65　添加签收单

签收单

运单信息	路单号	1109241134309658	托运单位	时代物流
	起运地	东北吉林	目的地	东北吉林
货物明细	货物名称	L型	类型	
	规格	10cmX5cmX1cm	包装	
	装车数	1	签收数量	1365
	签收体积		签收重量	
签收信息	签收人	张三	签收时间	2011.9.25
	返单收回方式	邮寄	返单收回日期	2011.9.26
	返单收回人	陈钰琦		
	现金欠付			
签收人意见				

提交　返回

图 8-66　签收单填写和提交

4）核销单

在“运输业务”→“国内运输”界面，点击“核销单”，并点击“新增”，添加核销单，如图 8-67 所示。

填写核销单信息，点击“提交”，如图 8-68 所示。

5）费用结算

在“运输业务”→“国内运输”界面，点击“费用结算”，如图 8-69 所示。点击“新增”，添加费用结算单，如图 8-70 所示。

填写费用结算单，点击“提交”，如图 8-71 所示。

图 8-67　添加核销单

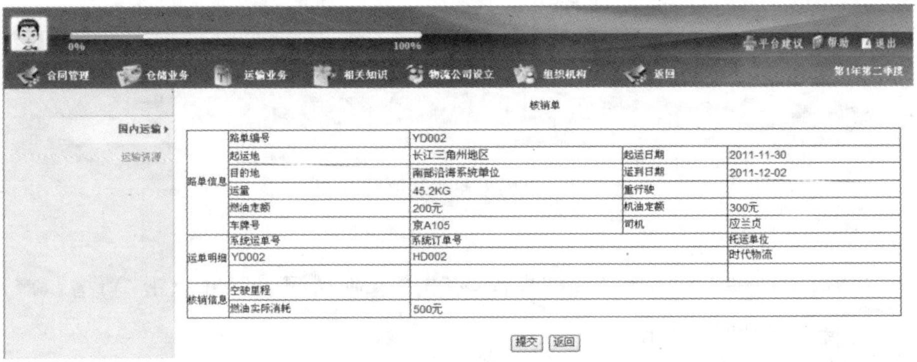

核销单

路单信息	路单编号	YD002		
	起运地	长江三角州地区	起运日期	2011-11-30
	目的地	南部沿海系统单位	运到日期	2011-12-02
	运量	45.2KG	重行驶	
	燃油定额	200元	机油定额	300元
	车牌号	京A105	司机	应兰贞
运单明细	系统运单号	系统订单号		托运单位
	YD002	HD002		时代物流
核销信息	空驶里程			
	燃油实际消耗	500元		

提交　返回

图 8-68　核销单填写和提交

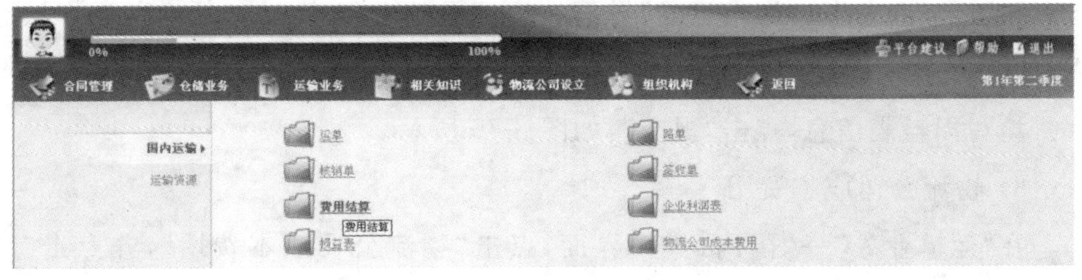

图 8-69　“费用结算”界面

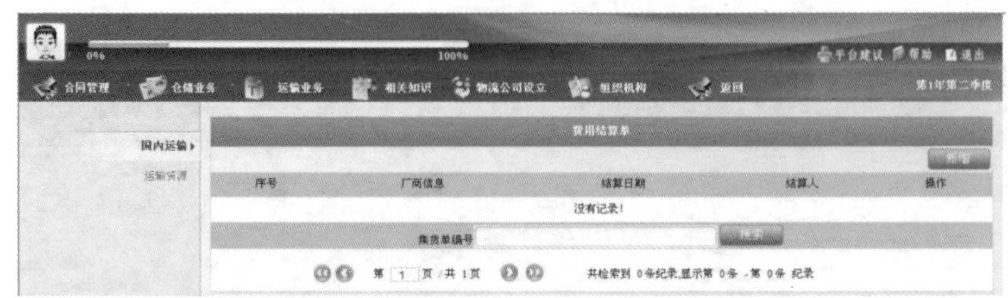

图 8-70　添加费用结算单

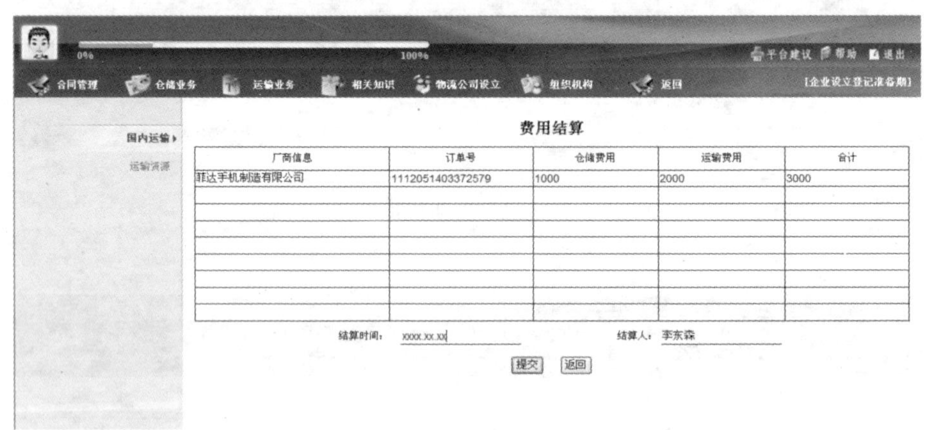

图 8-71　费用结算单填写和提交

6）企业利润表

在“运输业务”→“国内运输”界面，点击“企业利润表”，并点击“新增”，添加企业利润表，如图 8-72 所示。

填写企业利润表，点击“提交”，如图 8-73 所示。

7）损益表

在“运输业务”→“国内运输”界面，点击“损益表”，并点击“新增”，添加损益表，如图 8-74 所示。

填写损益表信息，点击“提交”，如图 8-75 所示。

8）物流公司成本费用

在“运输业务”→“国内运输”界面，点击“物流公司成本费用”，并点击“新增”，添加物流公司成本费用，如图 8-76 所示。

填写物流公司成本费用，点击“提交”，如图 8-77 所示。

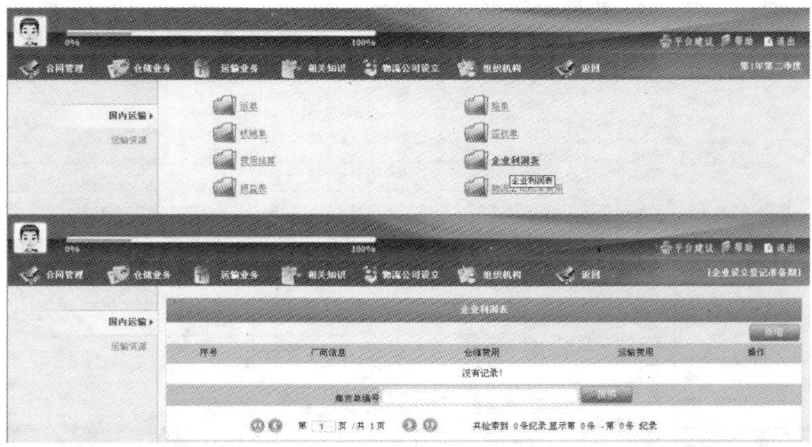

图 8-72 添加企业利润表

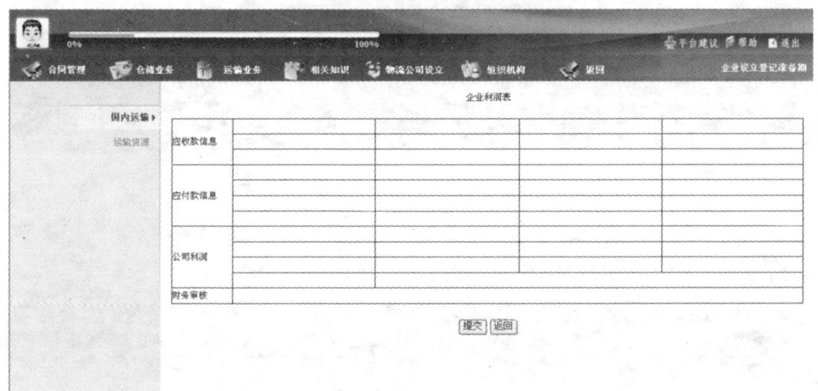

图 8-73 企业利润表填写和提交

图 8-74 添加损益表

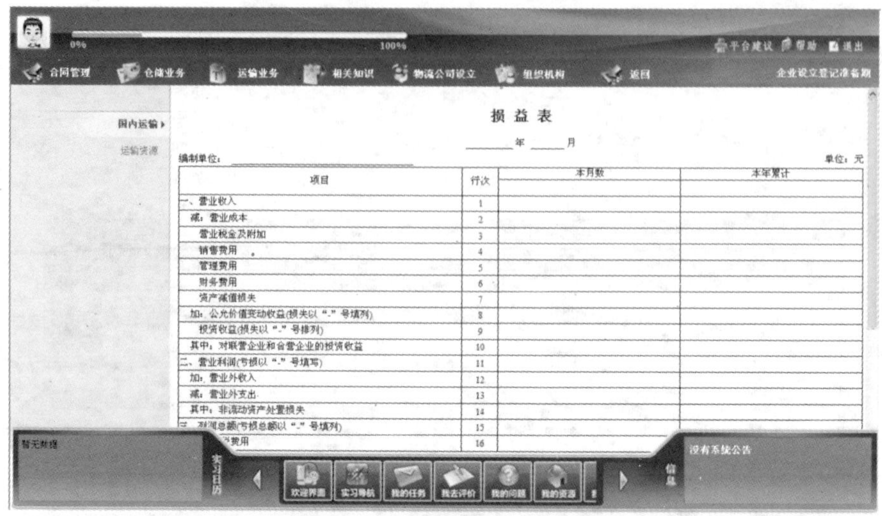

损益表

______年 ______月

编制单位：　　　　　　　　单位：元

项目	行次	本月数	本年累计
一、营业收入	1		
减：营业成本	2		
营业税金及附加	3		
销售费用	4		
管理费用	5		
财务费用	6		
资产减值损失	7		
加：公允价值变动收益(损失以"-"号填列)	8		
投资收益(损失以"-"号排列)	9		
其中：对联营企业和合营企业的投资收益	10		
二、营业利润(亏损以"-"号填写)	11		
加：营业外收入	12		
减：营业外支出	13		
其中：非流动资产处置损失	14		
三、利润总额(亏损总额以"-"号填列)	15		
[illegible]费用	16		

图 8-75　损益表填写和提交

图 8-76　添加物流公司成本费用

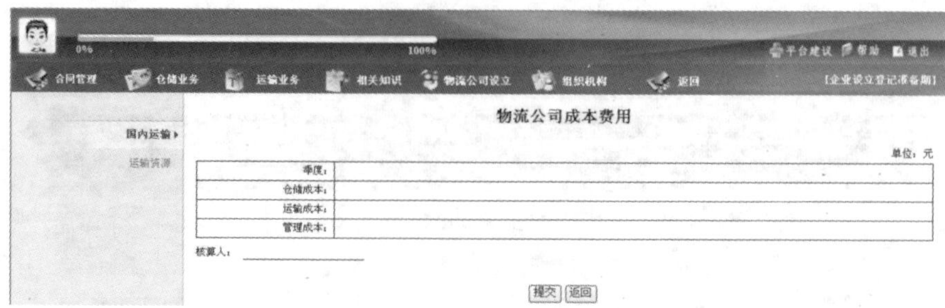

图 8-77　物流公司成本费用填写和提交

本章小结

本章主要介绍了创新创业的仿真实训。首先，阐明了企业常用分析模型；然后，通过创新创业虚拟仿真实训平台进行公司设立和公司管理过程的模拟，实现了启发式的、过程式的、实操性的项目教学和案例教学，加强了学生的理论学习和实际应用，使学生在训练过程中不断运用自我思维，并锻炼行动能力。通过在平台中的学习、实践，学生能在学习阶段就实现准就业，毕业后很快就能上手，逐渐具备创业能力。

参考文献

[1] 秦传江,赵恒.大学生创新与创业实训教程[M].北京:高等教育出版社,2016.

[2] 秦小冬,赵云昌.大学生创业教程[M].北京:清华大学出版社,2017.

[3] 孙伟,李长智,张嘉赢,等.创新创业教程[M].北京:清华大学出版社,2017.

[4] 嵇建珍.大学生创业实用教程[M].南京:南京大学出版社,2013.

[5] 奚国泉.创新创业实训教程[M].北京:清华大学出版社,2013.

[6] 喻科,黄林,张伟东,等.大学生创新创业仿真实训教程:基于创业之星实训平台[M].北京:中国石化出版社,2017.

[7] 宋敬敬.大学 MOOC 教育的研究与实践[M].北京:高等教育出版社,2016.

[8] 宋敬敬.高校教学方法研究与改革实践[M].长春:吉林大学出版社,2015.

[9] 李海波.论学习型大学生就业指导队伍建设[J].湖北社会科学,2012(8):177-180.

[10] 卢婵江.基于广西高校创业教育的实证研究[J].黑龙江高教研究,2015(3):105-107.

[11] 李海波,郎平,邓文斌.大学生就业与专业的关联性研究[J].中国成人教育,2012(17):97-99.

[12] 李海波,旷晓霞.论高校毕业生创业者成长规律的价值与运用——高校创业教育系列研究之一[J].钦州学院学报,2015(12):46-50.

[13] 李海波,彭万秋.情商对研究生就业的价值及其培育路径[J].高等农业教育,2015(12):85-88.

[14] 卢婵江.欠发达地区高校创新创业教育的若干建议[J].中国成人教

育,2015(16):69-71.

[15] 卢婵江,杨书灵,陈德文.西部高校创业教育问题探析——以广西壮族自治区为例[J].教育观察,2016,5(9).

[16] 李海波,彭万秋."人职匹配"理论视角下公共管理类研究生"新闻素养"培育研究[J].高等农业教育,2015(4):100-102.

[17] 李海波.加强宣传"弱势群体"的就业"优势"效应——做好毕业生就业工作的新视角[J].中国报业,2012(12):47-48.

[18] 徐小洲,梅伟惠,倪好.大学生创业困境与制度创新[J].中国高教研究,2015(1):45-48.

[19] 蔡莉,汤淑琴,马艳丽,等.创业学习、创业能力与新企业绩效的关系研究[J].科学学研究,2014,32(8):1189-1197.

[20] 蔡莉,单标安.中国情境下的创业研究:回顾与展望[J].管理世界,2013(12):160-169.

[21] 张玉利,杨俊,戴燕丽.中国情境下的创业研究现状探析与未来研究建议[J].外国经济与管理,2012(1):1-9.

[22] 刘芳.高校大学生创业孵化园面临的困境与对策——以Y高校为例[J].知识经济,2016(23):65-65.

[23] 单标安,蔡莉,鲁喜凤,等.创业学习的内涵、维度及其测量[J].科学学研究,2014,32(12).

[24] 陈文婷,李新春.中国企业创业学习:维度与检验[J].经济管理,2010(8):71-80.

[25] 姜彦福,张健,雷家骕,等.公司创业战略的跨文化研究[J].科学学研究,2005,23(3):357-361.

[26] 余仙梅.新制度主义视角下大学生创业的困境与出路[J].河北广播电视大学学报,2016,21(2):82-85.

[27] 吴开军.大学生创业融资的困境及对策研究[J].技术经济与管理研究,2012(8):25-28.

[28] 陈东升,吴月,扬晓.我国大学生自主创业融资难的原因分析及对策研究[J].湖北成人教育学院学报,2011,17(4):54-55.

[29] 付裕.浅谈大学生自主创业融资困境及对策探析[J].时代金融,

2015(33).

[30] 曹燕华.关于地方构建大学生创业机制的思考:高校和政府的作用[D].宁波大学,2011.

[31] 蔡莉,单标安,汤淑琴,等.创业学习研究回顾与整合框架构建[J].外国经济与管理,2012(5):1-8.

[32] 葛宝山,蒋海燕.创业意图经典模型评介与整合研究框架构建[J].外国经济与管理,2013,35(11):11-20.

[33] 尹珏林,张玉利.制度创业的前沿研究与经典模型评介[J].经济理论与经济管理,2009,V(9):39-43.

[34] 张秀娥,赵敏慧.创业学习、创业能力与创业成功间关系研究——经典模型及相关研究评介与展望[J].外国经济与管理,2017,39(7):51-64.

[35] 蔡莉,单标安,朱秀梅,等.创业研究回顾与资源视角下的研究框架构建——基于扎根思想的编码与提炼[J].管理世界,2011(12):160-169.

[36] Baum J. Firm resources and sustained competitive advantage[J]. Journal of management,1991,17(1):99-120.

[37] 翟敏.创业学习、创业能力对网店创业绩效的影响研究[D].浙江大学,2014.